영미 지니 윤선

양공주, 민족의 딸, 국가 폭력 피해자를 넘어서

초판 1쇄 인쇄 2020년 10월 1일
초판 1쇄 발행 2020년 10월 10일

지은이   이경빈 이은진 전민주
펴낸이   이영선
책임편집   이현정

편집   김선정 김문정 김종훈 이민재 김영아 김연수 이현정 차소영
디자인   김회량 이보아
독자본부   김일신 김진규 정혜영 박정래 손미경 김동욱

펴낸곳 서해문집 | 출판등록 1989년 3월 16일(제406-2005-000047호)
주소 경기도 파주시 광인사길 217(파주출판도시)
전화 (031)955-7470 | 팩스 (031)955-7469
홈페이지 www.booksea.co.kr | 이메일 shmj21@hanmail.net

ISBN 979-11-90893-30-5 03330

이 도서의 국립중앙도서관 출판예정도서목록(CIP)은 서지정보유통지원시스템 홈페이지(http://
seoji.nl.go.kr)와 국가자료공동목록시스템(http://www.nl.go.kr/kolisnet)에서 이용하실 수
있습니다.(CIP제어번호: CIP2020040117)

* 이 도서의 수익금 일부는 평택 기지촌 여성 지원 단체 '햇살사회복지회'에 기부됩니다.

평택 기지촌 여성 구술집

양공주, 민족의 딸, 국가 폭력 피해자를 넘어서

이경빈 이은진 전민주 지음

서해문집

머리말

'기지촌 여성'이라는 용어는 낯설다. 하지만 미군을 대상으로 한 '기지촌Camptown'(군 주둔지에 있는 군인을 주 고객으로 삼으며 형성된 촌락)에서 성매매를 했던 여성들이 있으며, 이들이 소설·드라마·영화의 캐릭터로 종종 등장한다는 것은 많이들 알고 있다. 뭐라고 호명해야 하는지는 잘 몰라도, 존재는 익숙한 것이다.

기지촌 여성의 성매매는 한미 양국의 우호를 위한 정책의 일환이었다. 미군이 기피하는 파견지인 한국에 그들을 붙잡아놓을 수 있도록 '색다른 일탈'의 경험을 제공하는 것이 목적이었다. 그렇게 미군 기지촌은 해방 직후부터 서울 이태원, 인천 부평, 경기 파주·동두천·의정부·송탄·평택, 경북 대구, 전북 군산 등 각지에 조성되었다. 정부와 미군이 해외 군인을 상대하는 여성들을 '위안부'로 지칭하며 그들의 성병을 조직적으로 공동 관리했다는 사실은 1950년대 공식 문건을 통해 확인할 수 있다. 1961년 〈윤락행위등방지법〉에 따라 전국의 성매매가 금지되었을 때도, 정부는 미군 기지촌을 포함한 몇몇 구역을 예외로 뒀다. 요컨대 미군 기지촌은 정치적 필요에 따라 자국 여성을 동원해 키워낸 '국가 주도 성매매 산업'이었다.

양공주 혹은 민족의 딸

정부는 기지촌 여성들에게 정기적으로 애국 교육을 실시하며 그들을 달러벌이 산업 역군으로 치켜세웠지만, 한국 사회는 '양공주', '양색시', 심지어 '양갈보'라 부르며 멸시했다. 타락하고 방탕한 여성, 민족의 수치, 혐오스럽거나 숨기고 싶은 존재로 치부한 것이다. 기지촌 여성이 미군에게 폭행당하거나 화대를 떼어먹혀도 경찰은 나서지 않았다. 포주의 횡포에 시달려도 이웃과 사회의 시선은 싸늘했다.

기지촌 여성들의 삶에 처음으로 진지한 사회적 관심이 기울여진 때는 1992년. 기지촌 여성 윤금이 씨가 미군에게 참혹하게 살해당한 것이 계기였으나 기지촌 여성들은 직접 목소리 내지 못했다. 윤금이 씨 사건이 민족주의의 정서 아래 반미 운동의 상징으로 쓰이면서, 지켜줘야 할 '민족의 딸'이나 누이로 언급될 뿐이었다.

국가 폭력의 피해자

캐서린 문, 이임하, 이나영, 문승숙, 박정미 등이 기지촌 성매매의 여성 억압적 성격을 법적·제도적·역사적 차원에서 논하면서, 기지촌 여성은 점차 구조적 폭력의 피해자로 가시화되기 시작했다. 그리고 2014년 6월, 전직 기지촌 여성 122명은 국가를 상대로 손해배상소송을 제기했다. 과거 정부가 기지촌 여성들을 '관리'하는 과정에서 저지른 국가 폭력에 대한 문제 제기였다.

당시 성병 검진에 응하지 않은 사람을 색출해내기 위한 불시 검문은 '토벌'이라 불릴 만큼 반인권적인 방식으로 행해졌다. 기지촌 여성들은 성병에 걸린 미군이 지목('컨택')하기만 해도 감염자로 간주되었고, 성병에 걸린 것으로 판단되면 나을 때까지 '몽키 하우스'라 불리는 낙검자 수용소로 보내졌다. 감옥과 다를 바 없는 환경이었던 이곳에서 성병 치료 목적으로 주사된 페니실린은 부작용이 커서 당시에 이미 사용을 권장하지 않는 약품이었다. 1970년대 박정희 정권은 '기지촌 정화 사업'을 실시하며 '더 나은 서비스'를 제공한다는 명목으로 기지촌 여성들의 세세한 일상과 언행까지 통제하기도 했다.

법원은 1심에서 국가의 조직적·폭력적 성병 관리 및 강제 격리 수용 치료로 인해 기지촌 여성들이 입은 손해를 일부 원고들에게나마 배상할 의무가 있다고 판결했다.(2017. 1.) 이어 2심에서는 국가가 기지촌을 조성하고 관리·운영했으며 기지촌 내부의 성매매를 정당화하고 조장했다는 사실을 인정했다.(2018. 2.) 1심 판결에서의 인정 범위도 넓혀 더 많은 원고들에게 배상금을 지급하도록 했다. 대법원의 판결만 남아 있는 상태에서, 경기도의회는 처음으로 '기지촌 여성 지원 등에 관한 조례'를 통과시켰다.(2020. 4.) 이러한 일련의 법적 투쟁은 민족주의적 시각을 벗어나 과거에 있었던 인권 유린을 직시하게 했다. 이에 발맞춰 여러 언론에서는 기지촌 여성들에게 가해졌던 폭력들에 대해 보도했다.

피해자의 말하기

국회나 법원의 전향적인 결정을 촉구하는 집회, 기자회견, 집담회도 여러 차례 열렸다. 대부분의 행사에서 기지촌 여성은 양공주도 민족의 딸도 아닌 모습으로 우리 앞에 등장했다. 사회의 시선에 따라 이리저리 함부로 재단되기만 했던 이들이, '피해자'로서 직접 마이크를 쥐고 자신의 이야기를 시작한 것이다. 이야기는 강제성을 강조하고 '피해자다운' 모습을 명확하게 드러내는 데 집중되었다. 유년기의 가난, 취업 사기로 인한 기지촌 유입, 처음 미군을 손님으로 받아야 했던 때의 충격, 기지촌 안에서의 폭력들, 국가에게 이용만 당했으며 여전히 고통 속에 살고 있다는 말. 가끔은 운동의 구호로 쓰이는 말들이 그대로 반복되기도 했다. 항목별로, 생애사순으로 정리된 이야기가 떨리는 목소리로 낭독되다가 눈물이 터지면, 기자들은 셔터를 눌렀고 활동가들은 얼굴이 나오게 사진을 찍지 말라고 제지하기도 했다.

입법·사법 운동의 맥락에서 이뤄진 기지촌 여성의 말하기는 다수의 이야기에서 추출한 공통의 경험과 연구자·운동가들이 함께 고심한 기지촌 여성 운동의 방향을 다시 한 명의 목소리로 대표해 다른 사회 구성원에게 전달하는 역할을 했다. 이를 통해 개별 기지촌 여성들은 역사적 분석 및 집합적 증언과 만나는 과정에서 자신의 경험을 해석해 보는 기회를 얻었다. 피해자의 말이 전달한 충격적인 진실은, 사회적 반향을 성공적으로 불러일으켰다.

피해자다움이라는 환상

피해자의 말하기가 처음부터 힘을 가지고 있었던 것은 아니다. 무관심, 의심, 비난으로 일관하려는 태도와 오해에 대항해 피해자의 말에 무게를 싣고 그들의 말하기를 우선적으로 들을 것을 강조하는 노력이 있었다. 하지만 이런 노력은 점차 피해자의 말이 숨겨진 '진실'을 투명하게 밝혀줄 것이라는 과도한 믿음으로, 피해자의 말을 절대적인 규범처럼 받아들이는 자세로 이어졌다. 그리고 역설적으로 피해자가 설 자리를 좁혔다.

사람들은 '진정한' 피해자를 가려내기 위해 '팩트 체크'하는 태도, 판검사처럼 취조하고 신문하는 태도로 듣게 되었다. 사회를 정의로운 곳으로 변화시키는 진실의 입은 사소한 몇 가지 의혹들만으로도 순식간에 거짓말, 기만, 선동의 통로로 뒤바뀌어버린다. 성폭력 피해자가 가해자에게 조금이라도 우호적인 언행을 보였다는 사실이 알려지면 지지 여론의 크기만큼 비난 여론이 형성된다. 보상금을 원하거나 정치색을 내비치면 순수하지 않기 때문에 진실성을 의심받는다. 즉, 공개적으로 피해를 호소한 당사자는 옳은 말만 해야 마땅한 신격화된 존재로 여겨지고, 의심스러운 말을 내뱉는 순간 피해자의 자리에서 끌어내려진다.

하지만 막상 피해자의 목소리에 귀를 기울이기 시작하면 당황스러운 말들을 많이 만나게 된다. 그의 말하기에는 고통스러운 피해의 기억을 자랑스럽고 아름다운 기억으로 여기는 말, 스스로가 피해자임을 부인하는 말, 다른 약자에 대한 혐오를 드러내는 말, 정치적으로 올바르지 않은 말들이 혼재되어 있다. 이런 말들은 어떻게 할 것인가? 피해자의 말이 절대적인 규범이라면, 이런 말들은 은폐되어야 한다. 피해자를 가려내고 스스로 목소리 낼 수 없었던 처음의 자리로 되돌아가게 하는 것이다.

저자들이 만난 기지촌 여성들은 사회가 기대하는 피해자다움이 얼마나 공허한 것인지를, 생생한 표현으로 알렸다. 한국 남자가 무섭다고, 여자 패면 "미국식으로" 잡아넣어버려야 한다는 영미의 말은 '미군 폭력의 피해자'라는 말을 들었을 때 우리의 머릿속에 떠오르는 평면적 상상과 얼마나 먼가. 이 책은 그런 지점들을 적극적으로 담아냄으로써 피해자의 목소리를 또 하나의 자리, 들리지 않는 중얼거림도 아니고 절대적인 규범도 아닌 그 사이의 자리에 놓으려는 시도이다.

관계 속에서, 의견으로 듣기 - 이모[In My Opinion]

이 책은 '의견으로 듣기'를 제안한다. 기지촌 여성의 말 앞에 'In My Opinion(내 생각에는)'을 붙여 들어봄으로써, 침묵을 깨고 나온 피해자의 목소리를 절대적인 규범이 아니라 여러 각도의 의견들 중 하나로 받아들이는 것이다. 그러면 각 기지촌 여성의 목소리는 '기지촌 여성' 전체를 대변하지 않고도, 피해자답거나 정의롭지 않고도 들릴 수 있다. 이들의 의견은 내용이나 방향이 '틀렸을' 때조차도 숨겨져야 할 것이 아니라 사회적 사실을 담고 있는 소중한 분석의 대상이 될 수 있다.

예를 들어 국가 대상 손해배상소송을 지원하는 연구자와 운동가들은 기지촌 여성들을 '미군 위안부'라 칭한다. 정부가 법령 등에서 기지촌 여성들을 지칭했던 명칭을 가져와 일본군 '위안부' 제도와의 연속성을 드러내고 일본군 '위안부' 운동과의 연대를 강조하는 것이다. 그런데 이 책에 등장하는 세 기지촌 여성 중 가장 폭력적인 기지촌 생활을 했던 지니는 자신은 '자발적'으로 기지촌에 들어갔기 때문에 일본군 '위안부'와 전혀 다르다고 이야기한다. 심지어는 일본군 '위안부'들처럼 총칼로 협박당해 끌려간 것이 아니라는 이유로 자신의 경험이 개인적 비극일 뿐 피해라 부를 수 없다고 주장한다. 이때, 지니의 말하기를 규범으로 받아들인다면 기지촌 여성들이 피해자가 아니라고 인정해야 하는 모순에 놓인다. 혹은 운동의 승리를 위해 잠시 숨겨 둬야 할 말, 연구자나 운동가가 고쳐 줘야 할 말이 된다.

하지만 이런 말들은 지니의 세계관을 담고 있으며, 한 기지촌 여성이 겪어온 인생사를 담고 있는 사실이다. '위안부' 명칭에 대한 지니의 의견은 피해자화를 경계하라는 채찍질로, 법정에서의 승리가 피해자들에게 가장 중요한 것이라는 전제를 재고하라는 요청으로 들을 수 있다. 지니의 말은 가려 둘 것이 아니라 드러내야 하는 말이다. 그 속에서 사회적 의미와 나아갈 방향을 찾고, 일본군 '위안부'와의 연결성을 발견한다면 계속해서 연대해야 한다.

양공주도 아니고, 민족의 딸도 아니고, 피해자이기만 한 것도 아니라면, 우리는 기지촌 여성을 어떤 각도에서 만날 수 있을까. 이 책에는 저자들과의 관계 속에서 '이모'로 호명되는 영미, 지니, 윤선의 의견이 담겨 있다. 이들은 질문자가 누구이고 무엇을 듣고 싶어 한다고 생각하는지에 따라 조금씩 다른 목소리를 들려준다. 여기에는 피해자다움에 부합하지 않는, 기지촌 여성으로서의 경험과 무관해 보이는 이야기들도 있다.

피해자는 주로 피해자로서의 경험과 요구에 대해서만 발언할 기회를 얻는다. 그들에게 세계를 마음껏 재단할 기회는 좀처럼 주어지지 않는다. 하지만 영미는 북핵에 분개하고, 정치인들을 욕하고, 다른 사회적 약자들을 혐오하면서 자신의 정치관을 펼친다. 윤선은 기지촌 여성으로서의 경험에 대한 질문은 회피하면서, 관찰자로서 말하는 데는 적극적이다. 그와의 대화에서는 옛 평택의 모습에 대한 이야기만이 활기를 띤다. 관조적인 관찰자의 시선으로 클럽의 종류를 설명하고 미군 내 흑백갈등을 묘사하는 윤선을 보면, 그가 직접 당사자로 연루된 적은 없는 것처럼 느껴진다.

기지촌 여성에 대한 입법·사법 운동이 시작된 것과 비슷한 시기에 이 작업을 하면서, 우려와 걱정을 많이 접했다. 아직 기지촌 여성들이 피해자로도 제대로 인정받지 못했는데 '위험한' 발언을 노출시키면 이들이 피해자임을 부정하려는 사람들에 의해 악용될 수 있다는 것이었다. 또는 기지촌 여성 이슈를 잘 모르는 사람들이 이 책을 먼저 읽고서 오해를 할 수도 있다고 했다.

그러나 두려움 때문에 중요한 말들을 가려 두는 것은 피해자의 재현이 항상 이들을 소개하거나 이들의 구조적 피해를 강조하는 데 그치게 한다. 이들의 삶이 다양한 방식으로 상상될 수 없게, 계속해서 사회적 약자의 자리에 머무르게 만든다. 이런 식의 운동이 성공하고 난 이후에는 미뤄 뒀던 모습과 목소리가 사라지고 없을 것이다. 비판해야 하는 것은 피해자의 '위험한' 목소리에 '섣불리' 귀 기울이려는 시도가 아니라, 그의 말 몇 가지를 빌려와 구조적 피해가 없다고 주장하려는 시도이다. 그의 말에서 곧바로 사회구조에 대한 판단을 들으려는 게으른 태도이다.

이 책은 그동안 들리지 않았던 말들을 '이모'들의 '의견'으로 드러냄으로써, 이들을 세상을 평가할 수 있고 틀린 말을 할 수도 있는 사람의 자리에 두고자 했다. 독자들에게 이 책이 피해자의 목소리란 무엇인가, 피해자의 목소리를 어떻게 들을 것인가를 고민하고 느끼는 과정이 되기를 바란다. 그것이 기지촌 여성인 영미, 지니, 윤선을 찾아가 이들이 '기지촌 여성'만이 아님을 이야기하는 이유이다.

이모들의 의견을 듣기 전에

이 책에는 많은 구술집에서 제시하는 생애사 연표가 없다. 영미, 지니, 윤선의 삶을 이해하려면 인내심을 가지고 현재와 과거를 넘나드는 복잡한 대화를 따라가야 한다. 중요하지 않은 것처럼 보이는 무수한 말들도 거쳐야 한다. 부정확한 발음, 방언 등이 도드라지는 이모들의 입말을 읽는 데는 집중력이 요구된다. 하지만 왔다 갔다 하는 이야기 속의 독특한 영어 발음 하나가, 이들의 '진실'에 도달하는 데 실패하는 과정이, 피해 중심으로 생생하게 묘사된 '기지촌 여성으로서의 증언'보다 더 많은 것을 말해준다고 느낄 것이다.

각 장은 기지촌 여성 세 명의 말하기 특징에 따라 서로 달리 편집되어 있다. 영미와의 대화는 대화가 이뤄진 날짜와 시간 순서대로 모았다. 영미와 개들이 살고 있는 집에 들어가 대화를 나누고, 마치면 인사를 하고 나오는 것이 몇 차례 반복된다. 영미는 오랫동안 함께 살았던 미군과 민속촌에 갔던 경험을 세 번 이야기하는데, 매번 조금씩 다르다. 어떤 이야기가 진실인지 밝히고 정리하기보다 모두 실었다. 같은 경험이 어떤 맥락에서 어떤 식으로 변주되는지 볼 수 있다. 영미의 말은 거침없고 어디로 튈지 예측하기 어렵다. 상대방이 무엇을 듣고 싶어 한다고 생각하는지에 따라 말하기 방식이 크게 바뀌기도 한다. 카메라와 마이크를 세팅하고 제대로 '인터뷰를 시작'하려고 하자, 평소와 달리 잦아든 목소리로 생애사 순서대로 정리된 말을 하는 부분에 어두운 배경을 넣었다.

지니와의 대화는 그의 내러티브를 따랐다. 기지촌에 들어간 이야기는 미국영화를 좋아했던 어린 시절-가족-현재의 동거인 이야기로 이어진다. 자신의 기지촌 경험을 부끄러워하는 가족들을 위해 신상을 숨기길 바랐던 지니는 직접 원고를 읽으며 개인정보를 하나하나 지웠다. 그 부분에 비밀이 해제된 미美 국가 기밀문서처럼 까만 네모를 입혔다. 지니의 말은 때때로 자신이 전에 했던 말을 자세히 설명해주는 역할을 했기 때문에, 증언을 뒷받침할 객관적 자료가 각주로 삽입될 자리에 지니의 부연 설명을 넣었다.

기지촌 여성을 찾아갈 때는 당연히 그의 삶이 '기지촌 여성'으로서의 경험에 사로잡혀 있을 것이라고 생각하게 되지만, 윤선은 어린 시절 계모에게 학대당한 경험에 사로잡혀 있는 것처럼 보인다. 기지촌 경험에 대한 질문은 계속 회피하는데, 토씨까지 똑같이 반복해서 말하는 것과 말하기를 피하는 것의 대비가 뚜렷하다. 윤선과의 대화에서 반복되는 구문은 굵은 글씨로 표시했으며, 말의 내용이 아니라 패턴에 주목해 대화를 분류했다.

각각의 대화 끝에서는 QR코드를 통해 영상을 볼 수 있다. 영상은 대화 상황을 더 생생하게 기록하고 전달하기 위한 보조 장치가 아니라 별도의 작품이다. 영미, 지니, 윤선과의 만남을 통해 민주에게 촉발된 생각과 감정이 담겨 있다. 민주는 텍스트를 배제하고 이미지로만 이야기하거나, 본인과 기지촌 여성을 동일시하거나, 서사

이로들의 위겹을 듣기 전에

구조 없이 바로 기지촌 안으로 들어가버리기도 한다. 민주의 작업은 영미, 지니, 윤선을 한정 짓지 않기 위한 시도로서, 텍스트를 통해 알 수 있는 이모들과 또 다른 이모들을 보여준다.

저자들이 이모들과 인연을 맺은 것은 평택에 있는 기지촌 여성 지원 단체인 '햇살사회복지회'를 통해서였다. 준비 단계를 거쳐 여러 기지촌 여성 중 서로 다른 경험을 가진 영미, 지니, 윤선의 이야기를 담기로 했고, 2017년 4월부터 2018년 7월까지 본격적인 구술 작업을 진행했다. 지니가 고스톱을 치러 간 이웃집에서 인터뷰한 것을 제외하고 모든 대화는 각 이모의 방에서 이뤄졌다. 질문지를 미리 준비했지만 대부분 대화의 흐름에 따랐다.

이모들의 의견은 2018년 독립출판물 《IMO: 평택 기지촌 여성 재현》으로 출간되었다. 이 책은 독립출판물을 토대로 다시금 편집의 원칙을 수립하고 내용 전반을 조정해 새롭게 펴낸 것이다. 《IMO》는 내용과 형식 모두에서 피해자의 목소리를 듣는다는 것의 어려움을 표현하는 데 중점을 두면서, 알아듣기 힘든 표현이나 대화의 산만함을 최대한 드러냈다. 반면 《영미 지니 윤선》은 독자의 관점에 다가가려고 보다 노력했다. 가독성을 높이기 위해 자주 등장하는 간투사, 말 더듬기 등을 다듬고 중언부언하는 대목을 일부 삭제했다.

일러두기

1 영미, 지니, 윤선의 입말 중 방언과 명사는 표준어로 바꾸지 않았다. 그 외
   에는 국립국어원 표준국어대사전의 규범 표기를 따랐다.
2 몸짓과 자세, 어조와 말의 크기 및 빠르기에 대한 설명은 소괄호 안에 표
   기했다.
3 발음이 부정확하거나 문장 성분이 누락된 경우, 의미 전달을 위해 부연 설
   명을 중괄호 안에 넣었다.
4 본문에 쓰인 사진의 경우, 제공처를 별도로 기재한 것 외에는 모두 전민주
   작가가 촬영한 것이다.

개 짖는 소리

⊞ 이모!

개 짖는 소리

⊞ 저번에 같이 왔던 친구랑-

ㄱ◑ 안녕하세요-.

⊞ 또 그 친구의 친구예요.

ㄱ◑ (웃음)

⊞ (경빈, 은진에게) 들어와, 들어와. (영미에게) 미안해, 이모. 전
화 깜빡하네.

전화하고 온다 그랬잖아. (웃음)

⊞ 미안해 이모!

(웃으며 나지막이 누렁이에게) 에이, 하지 마. (경빈, 은진에게) 나 이렇게
살어-.

2017년 4월 2일

가만있어, 커피 한 잔 먹자.

　　🔲 응. 좋아.

커피 한 잔 먹고 시작을 해야지.

　　🔲 나두.

여따 놓는다?

　　🔲 응.

누렁이 온다. 누렁이는 지 자리 가서 앉아 있어.

　　🔲 이모 내가 저번에, 얘기했던, 책 만드는 거.

어.

　　🔲 같이 하실 거야?

여, 이쪽에, 이쪽에 앉아. 누가?

　　🔲 (앉을 자리를 만들려고 복돌이를 밀면서) 복돌아 미안-.

　　◎ (경빈에게) 앉아.

　　🔟 (누렁이의 움직임에 놀라며) 엄마야.

내가 몸이 왜 이렇게 안 좋은지 아냐. 세상에, 내가 햇살[햇살사회복지회]에 가는 날, [옆방 사람이] 자물통, 쩌기 망치로 때려가지고 [내 물건을] 빼가지고, 된장 5만 원어치 사놨거든.

　　ㅁ 어.

그거 먹지도 않아. 고추장 준 거 먹지도 않아. 하… 딸년[옆방 사람]이 그렇게 도둑길[도둑질]한다니까, 딸년이? 애비가 해처먹다가 뒤지니까 딸년이 그 지랄허고 해먹는 거야. 그 세상에 드-런 손, 이렇게.

　　ㅁ 이렇게, 퍼갔대? 퍼갔어, 손으로?

소끔[소금]이고, 뭐고, 내가 아주 그냥 두 집 살림을 해요. 시버럴 것 인간들 때문에. 그렇게 도둑길을 해! 한집에 사는 사람 [것]을 그렇게 도둑길하면 돼?

　　ㅁ 안 되지, 나빴네.

교회 처다니면서 교회는 개썹이라고 다녀?

　　◉ (웃음) 개썹….

　　ㅁ 개썹이네, 진짜. (웃음)

그래갖고, 그, 자물통. 자물통을 내가 다섯을 바꿨어! 그래도 그렇게 도둑길을 해, 도둑년이. 평생을 도둑길을 하고 살아갖고. 그러고 낯짝 쳐들고 다니고 히히덕거리고 웃고 기어들어와요. 이 씨부랄년.

　　ㅁ 화날 만하네, 진짜.

없으면 처먹지 마! 기름이고 뭐고, 따라간[따라 가지 않은] 게 없고! 조선간장이고 뭐고.

　　ㅁ 다 퍼갔어?

어! 이 씨발년이. 그렇게 나 햇살에 가면, 들어와가지고.

　　ㅁ 노리고 있네, 노리고 있어.

노리고 있지! 그래가지고 그렇게 훔쳐가고. 그거 처먹다 뒈-져야지.

　　ㅁㄱ (웃음)

진짜 급사를 해서 뒈져야 돼. 그거 처먹다가.

　　ⓘ (웃음)

누구는, 돈 안 주고 사-?

　　ㅁ 그러니까.

내가 두 집 살림을 해야 돼? 11년을? 그렇게 해처먹다 뒈졌음 됐지, 그 딸년이 와서. 이 동네 살아! 이 씨발년. 응, 그리고 에미년은 밖에서 히히덕거리고 들어와 씨발년.

　　ㅁ 뭐라 하지, 이모.

개 같은 년. 교인들하고 같이 처기어들어오고. 개 같은 년, 내가 낯짝 몰라? 씨발년, 내가 잡기만 잡으면 머리끄댕이 잡아 흔들어버릴 거야. 그 씨발년.

　　ㅁ 화났네, 화났어. 으이구-.

한두 가지를 가져갔어야 말을 않지! 간의 베룩[벼룩의 간]을 해처먹지. 없으면 처먹지 마! 남의 걸 왜 훔쳐가! 얼-마나 기분 나쁜 줄 아냐?

　　ㅁ 그러니까.

　　ⓘ 그럴 것 같아요.

11년을 그 지랄한 거야. 어?

　　ㅁ 문제가 있네, 진짜.

내가, 한- 번만 더 그러면은 경찰에 신고할 거야, 내가.

* * *

🔲 그래서 이모…

(누렁이에게) 하지 마, 이거! 누렁이 니 자리로 가. 이게 오래간만에 오니까, 자주 오면 안 그래.

　　　🔲 헤헤…. 이모 그래서 같이 책 만들래?

뭔 책?

　　　🔲 그냥, 뭐 이모 어떻게 살았고 어떻게 살고 있고, 이런 얘기, 그냥 하면 돼.

치.

　　　🔲 말만 하면 돼. 말하고… 대화하구, 사진 찍구, 영상 찍고 이런 거. 똑같아.

내가 살아온 거는 똑같지 뭐. 그때 얘기했잖어!*

　　　🔲 아, 그때 얘기 안 해도 돼. 굳이 그렇게, 이모 슬프고 아픈 얘기면 안 해도 돼. 그냥 뭐, 즐거웠던 일도 당연히 있을 수 있고.

헤이구 즐거운 것도, 뭐 즐거워. 아유….

　　　🔲 잘 생각해 보면 있을 수도 있고 없을 수도 있고…

미군하고 사는 게 뭐, 좋은 거라구.

　　　🔲 그냥 하고 싶은… 요즘 얘기해도 되고 아니면 어렸을 때….

지금, 지금은….

　　　🔲 응.

* 　민주는 경기문화재단 2015년 별별예술프로젝트 지원사업 '프로젝트 한풀이'를 통해 영미와 함께 작업하고, 그림책《장영미》와 유튜브 영상(https://www.youtube.com/watch?v=jI1gSBY-UZg)을 제작했다.

(민주가 TV 셋탑박스를 건드리자) 요거 켜야 돼.

　　🔲 어, 그렇지.

그거 손대면 이게 안 돼.

　　🔲 아- 그러네. 그럼 이걸[볼륨] 많이 올려놓을게, 이모.

가만써 가만써 가만써. 이 정도면 됐지?

　　🔓 끄면 안 되는 거….

　　🔲 티비를 봐야 돼, 이몬.

가만있어. 뭔 얘기를 할라다 까먹어버렸잖아-.

　　🔓 요즘은!

요즘은, 러시아, 뭐 필리핀 오-만 사람들이 다 와 있잖아, 잡종으루. 그러니까, 괜찮허지만. 우리 클럽 생활 할 때는, 없었어. 한국 여자만 있었지. 한국 여자들만 있어가지고, 밖에 나가면 뒤돌아세워놓고 쑥덕쑥덕허지.

　　🔲 그렇지.

나는 미군하고 민속촌에를 갔었거든, 갔었는데. 아이고. 나를 뚜껑을 열리게 만들었어. 이렇게 둘이 걸어가는데, 그러는 거야. 남자하고 여자하고 둘이, 아이고 양갈보. 이러는 거야-.

　　🔲 나쁜 놈들이네.

그래가지고 씨-발.

　　🔓 (웃음)

젊은 새끼야. 그래가지고 홱 돌아서 쫓아가니까 미군이 웨티투 웨티투[What do you do? What do you do?] 하는 거야. 이 씨이발 놈 메가지[모가지]를 잡아가지고 귀싸대기를 갈겨버렸더니, 내가.

　　🔓 오-, 대-박.

그래!

ㄱ 대박! (웃음)

ㅁ 무서워. (웃음)

ㅇ (웃음)

내가. 내가 너한테 밥을 달라가냐, 돈을 달라가냐.

ㅁ 그니까.

니가 뭔데 나한테 양갈보 소리, 개새꺄.

ㅁ (웃음)

그러면서, 니네는, 재수가 좋아가지고, 그런 생활 안 하고 살지만.
나는 재수가 없어서, 나는 그런 생활 허고 산다. 이런 개새끼야. 그
러니까 미군이 깜짝 놀라가지고 이렇게 쳐다보고 워티뚜 워띠뚜.

ㄱ (웃음)

한국말 모르먼 아가리 닥쳐 니도-!

ㄱㅇ (웃음)

승질 나가지고.

ㅁ 무서워-.

(드라마 〈역적〉이 나오고 있는 TV를 가리키며) 이거 홍길동!

ㅁ 응, 여기서 하네. 무서워, 이모.

그래서 밖에를 안 나갔어. 뭔 소리를 듣겠구나 해서. 또 대구에서
이제 나 혼자 친구네 갔다가 앞산에 가는 택시를 잡아타고 오는데
한국 여자, 합석을 했어, 합석을 했는데. 한국 여자가 아이고, 저기
는 아가씨들도 많네- 하니까. 택시 운전수가, 하이고 거기요? 밤에
면요, 더 양갈보들이 들-썩들썩한다고, 더.

ㄱ 흠-.

내가 암 소리 안 했어. 택시에서 내려서 택시비 안 줘버렸어!

ㅁㄱㅇ (웃음)

그래가지고 택시에서 내려서 가니까 불러. 왜 불러요? 그랬더니 택시비 달라고. 내가 양갈본데 택-시비 주게 생겼냐? 너를? 이 새끼야, 너는 택시 운전수면, 써비스 맨이야. 어디 말을 함부로 하고 지랄이야, 이 개새끼야. 택시비 니가 내놔, 개새끼야. 그러고 가버렸어. (웃음)

　　ㄱ (웃음)

　　ㅁ 무서워!

　　ㄱ 민속촌 그거 간 거 언제예요? 한… 얼마 때.

아유 오래돼서 잊어버렸어. 나 스물세 살 땐데.

　　ㄱ (놀라며) 흐어.

　　◎ 스물세 살 때….

　　ㄱ 대구 간 것도 그 비슷한 때예요?

그때는, 한국 여자밖에 없었어. 나 이태원에 있을 때야.

　　ㅁ 이모 이번에 소송했지? 이모 포함됐나? 안 됐나?

무슨 소송.

　　◎ 그 국가배상소송.

　　ㅁ 응, 햇살 맨날 법원 가잖아. 안 됐대?

옛!날 옛!날에 했던 사람이잖아.

　　ㅁ 근데 이모 포함됐던가? 포함이 됐는데 500만 원에 되셨나?*

　　ㄱ 참여는 하셨는데 안 된 건가….

---

* 2014년 6월 25일 제기된 국가 대상 손해배상소송을 의미한다. 1심 판결은 법정 진술서에 명시된 낙검자 수용소에서의 강제 성병 치료 경험을 기준으로 일부 원고들에게만 500만 원의 배상금을 인정했고, 영미는 인정 대상에 포함되지 못했다. (서울중앙지방법원 2017. 1. 20. 선고 2014가합544994 판결)

하이고 옛-날에….

　　　🔲 이모 낙검자 수용소 갔어? 몽키 하우스 들어갔었어, 예전
　　　에?

쩌기, 여기 여기.

　　　🔲 어. 갔었나?

옛-날에 간 거지.*

　　　🔲 한 번?

한 번.

　　　🔲 딱 한 번 들어갔지. 어, 안 됐을 수도 있겠다. 음….

갔다가 3일 만에 나왔어. 나는 클럽에서 잡혀갔어.

　　　🔲 놀다가? 일하다가?

놀다가. (웃음)

　　　🔲 아, 놀다가.

　　　◉ (웃음)

　　　🔲 놀다가 잡혀갔구나. 이모 그때 살림할 때 아니었어?

살림할 때 놀다가 혼자 잽혀갔지.

　　　🔲 그치.

(목소리 낮춰서 작게) 주민등록증이 없었잖아….

　　　🔲 음- 확인을 못 했구나? 아, 후- 화나.

그래가지고, 그렇게 됐지.

　　　🔲 화나, 화나.

이거[TV]는, 조금 크게 튼다이?

---

*　영미의 법정 진술서에는 낙검자 수용소 경험이 언급되어 있지 않다. 다른 날의 대화
에서도 영미는 몽키 하우스에 간 적이 없다고 말했다.

ㄱ (웃음) 홍길동 중요하지.

낮에는, [옆방 사람] 쩡-일 퍼잔다. 그리고 나 1시에 잘라가면 그때서부터 티비 틀어가지고 아침서까지 트는 거야. [그래서] 내가 일-부러 저것 잠 못 자게 이-빠이 틀어버려! 내가.

ㄱ (웃음) 나랑 비슷한 상황….

ㅁ (웃음) 층간 소음.

어디, 지네들 혼자 살아?

ㄱ 맞아.

ㅇ (웃음)

밤에는, 티비를 끄고 자야 될 거 아니야.

ㄱ 맞아, 맞아.

ㅇ (웃음)

ㄱ 밤에는 자야지.

ㅇ (웃음) 맞지.

가지가지 여러 가지 해요.

***

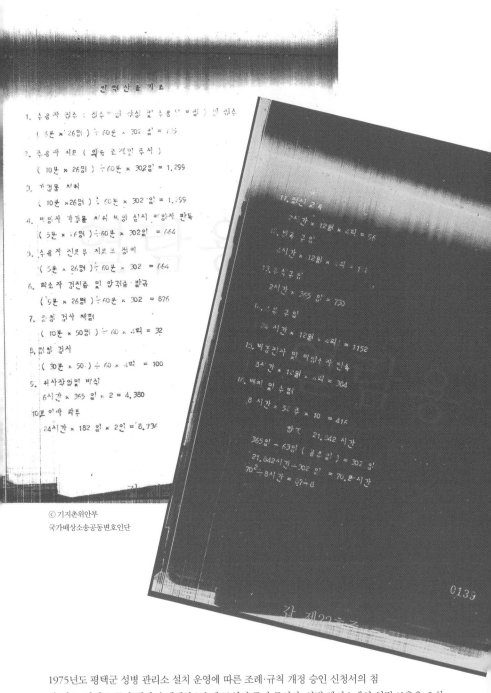

1975년도 평택군 성병 관리소 설치 운영에 따른 조례·규칙 개정 승인 신청서의 첨부 자료. 실제로 국가 대상 손해배상소송에 쓰였던 증거 문서다. 성병 관리소에서 인력 보충을 요청하는 내용으로, 관리소의 담당 업무가 체계적이고 사무적인 방식으로 정리되어 있다. 이는 영미가 기지촌 여성으로서 경험했을 객관적 절차들에 대해 알려 준다. 하지만 그런 절차를 지나온 영미의 회고는 일반적인 상상의 테두리를 얼마든지 벗어날 수 있다.

[햇살에] 오-랫동안 안 왔지?

　　ㄱ음… 네.

잘 다녀? 학교?

　　ㄱ그냥 학교 다니고 있어요.

　　ㅁ이모, 이 친구들, 서울대생이야! 둘 다 서울대학교 다녀!

　　ㅇ(웃음)

　　ㅁ서울대래, 서울대!

(웃으며) 왜 그렇게 공부를 잘해?

　　ㄱ왜 그렇게. (웃음)

　　ㅇ(웃음)

　　ㅁ진짜 잘하는 애들인 거야. 공부 진짜 잘하는….

(나지막이) 그래-. 여자도 배워야 돼. 배워야지, 요즘에는, 누구, 누구
찍어?

　　ㅁ요즘 아무도 [사진] 안 찍어. 아무도 안 찍고 있어.

아니, 대통령-.

　　ㅁ아, 대통령? 이모 어떡하니, 김무성 안 나오는데?

　　ㄱㅇ(웃음)

그 사람은, 언젠가는 돼-.

　　ㄱ우리는 계속 안 된다고, 우린 안 된다고 막. (웃음)

　　ㅁ절대 안 된다구. (웃음)

언젠가는 돼. 근데- 요번에는…

　　ㅁ이모, 박근혜는 어떡하지? 탄핵된 거 어떻게 생각해?

거 친구를 잘 만났어야 되는 거야! 거 친구를, 고따우로 새기가지
고, 그게! 될 일이야-?

　　ㅇ구속됐던데요. (웃음)

□ 응-. 깜빵 간대 이제.

아이! 받은, 저, 저기를 했으면, 받아야 돼-! 진짜! 박근혜 찍어준 사람들 실망이야!

　□ 이모도 찍었을 거 아니야.

찍었지! 그러니까, 잘못을 했으면 벌을 받아야 돼. 응? 최순실 그, 미친년, 그년한테 빠져가지고, 자기 형제들도 몰라라 하고, 어? 그게 될 일이야?

　□ 문제가 있지.

뭐니 뭐니 해도 형제간밖에 없어. 어려운 일 닥치고? 다 그러면, 아-무 웬수[지]간이라도 형제간밖에 없어.

　□ 맞아!

그… 박지만, 지네 누나.

　□ 울었대. 같이 깜빵 들어가서. 손잡고 울었대. 아이구-.

세상에, 대통령 돼가지고, 지 동생들은 몰라라 했지 뭐. 나 몰라라 해놓고.

　□ 죽일라고 서로, 못 잡아먹어서 안달 났어.

그, 그, 그년이 그렇게, 형제간도 다 갈라놓고 그런 거야! 최순실이 그년이.

　□ 최순실이가? 아유, 나이두, 나이 60 넘게 처먹어가지구-
　　갈라놓는다고 갈라진 게 이상하지.

그, 그 말을 듣고! 신천[실천]에 옮긴 인간이 잘못된 거지!

　□ 그치-.

그러니까, 잘못을 했으면, 벌을 받아야 돼-.

* * *

그 서울대학교, 옛날에, 있던 자리에서 옮겼잖아!

　　　⊡ 맞아, 수원에 있던 거.

　　　ㄱ⊙ 혜화.

　　　ㄱ 혜화? 맞죠. 원래 위에 있다가 지금 관악구로.

거게, 나 많-이 갔었어.

　　　⊡ 왜?

거기 친구가 살거든? 그래서, 거기 많이 갔어. 대학생들이, 서울대
학교 다니는 사람들이, 나 굉장히 쫓아다녔어.

　　　⊡ 응, 이쁘니까!

　　　⊙ 맞아! 그랬을 거 같아요.

쫓아다니고, 내가 옛날에 42키로 나갔거든. 그래가지고 막- 만나자
고 하고. 다방에 가서 커피 한 잔 하자고.

　　　⊡ 응.

그렇게 극장에 가자고, 그래갖고 내가, 나! 그때 이태원에 미군 있
었는데!

　　　⊡ 애인 있었구나.

그, 열일곱 되던 해 이런 생활을 했기 땜에, 미군 있었어-. 살림하자
고 막 그럴 [때]. 그래갖고 한국 사람은 안 만나 봤어. 무서워-. 한국
사람 무서워. 그래가지고, 막- 도망 다니고 그랬어. (웃음) 그리고 그
친구 집에 다!시는 안 갔어. 내가, 아이구 나 애인 있다구, 그래갖고,
이태원에 클럽까덩[클럽까지] 찾아오는 놈도 있어.

　　　ㄱ 음-.

　　　⊡ 추억이 있네, 이모.

그때, 그때는, 참 씹어 먹어도 비링내 안 난다 할 정도로.

　　　⊡ (큰 웃음)

남자들이 그랬어-.

* * *

가만, 가만있어. 지금 가는 거 아니지?

　　🅱 가야지, 이제.

그러면 저거 좀 썰어야 돼, 쪽파.

　　🅱 쪼금만 줘, 이모, 나 가방을 안 갖고 와서- 다음 주에 다시

　　　와서 받아 갈래.

쪼금만 갖고 가서 먹어 봐!

　　🅱 쪼금만 주고 다음 주에, 진짜 쪼금만 줘.

응. (앉은 자리에서 몸을 돌려 냉장고에 있는 김치 통을 꺼내 열며) 여기다가
[그릇에] 주면 돼.

　　🅱 응, 쪼금만 줘!

2017년 4월 16일

TV: 타격을 감행할 시기가…

공산당 새끼덜.

　　　▣ 빨갱이가 문제지. 그치?

　　　◰ 북한… 북한 뭐 한 거예요?

TV: 북한이 대북 타격의 보복으로 한국을 공격하게 되면…

공산당 새끼덜!

　　　◰ (웃음)

저것들은 다 도둑놈들이야. 도둑길밖에 몰라. 탈북헌 애들 봐. 그 탈
북한 남자, 나라에서 아빠트도 주고 돈도 주고 그러잖아-. 근데 그
옆집에 옆집[까지] 두 번을 훔쳐갔어. 근데 세 번째 훔치러 가다가
걸렸어-.

　　　◰ 뉴스에 나왔어요?

응! 그렇게 도둑길을 한다니까 그 새끼덜은. 기집년이나 사내 새끼
들이나. 탈북한 새끼들이 고따구 짓을 해? 한국에 왔으면 한국 밥

[법]을 따라야지-. 노마[로마]에 가면 노마 법을 따르라든께. 한국에 왔으면 먹기 싫어서 못 먹지-.

　　　🔲 그렇지-.

근데 어디 도둑길을 하고 지랄이야. 이 개- 잡아 죽일 노무 새끼들이. 저런 새끼들은 북한에서 처형당해야 돼.

　　　🔲 이모 지금 빵 안 드세요? 좀 있다 드실 거야?

응. 나 혼자 티비 보면서. 생각나면 먹고. 그니까 한 개만 사오랬잖아. 여러 개도 필요 없고. 돈도 없을 거고. 학생들이라 뭔 돈이 있어. 알바해?

　　　🔲 요즘 일이 없어, 큰일 났어.

알바가 없어?

　　　🔲 일이 없어.

(경빈, 은진에게) 둘은 알바 안 할 거고.

　　　◉ 저는 조교 해요.

조교?

　　　🔜 전 요즘은 안 하고 있어요.

　　　◉ 교수님 일 도와주는, 아르바이트처럼.

데이트할러면 돈도 있어야 되고.

　　　🔲 데이트를 안 하니까 괜찮아!

남자가 한 번 사면 또 여자가 한 번 사고.

　　　🔲 그-치.

그래. 우리는 그냥 공짜로 그냥 (웃음) 후리[free]로 얻어먹었지. (웃음) 미군들 뭐 지 돈이 바닥이 나든가 말든가.

　　　🔲 뭔 상관이야? 그지.

(웃으면서) 못 벳겨 먹어서 한인데. 그니까 나한테 걸리잖아? 그러면

이렇게 술로. 오다[order] 하는 아줌마한테 오다 해가지고 가져오면 이렇게 지갑 끄내잖아? 그럼 옆눈으로 짝 봐. 그래갖고 돈이 좀 있다 하면, 고거 끝까지 갈바서 아주 다 벗겨버려. (웃음)

ㄱⓞ (웃음)

回 벗겨 먹는대. (웃음)

저- 필리핀에서 디디와이[취사병] 왔어. 남자가 젊어. 근데 돈이 꽤 있더라고, 지갑에-. 그래서. 아, 나, 요 새끼. 오늘 저녁에 그냥 껍데기를 벗겨버려야겠다. 그래 놓고. (웃음)

回 겁나 무서워.

같이 앉아서 주거니 받거니 해서 술을 먹었어. 먹고, 제일! 꼴-찌까정 먹었어. 하이튼. 그러고 미군이 가면서 뭐라 그런 줄 아냐? 아-나 뽄드도 저런 뽄드 여자가 없다. 내 돈을 그냥 아주 바-닥을! 내 버렸다고-. 그래가지고 아이고! (웃음) 배꼽 잡았어. 미군들은 뭐, 우리가 돈 쓸 일이 없어. 지네들이 쓰니까. 한국 사람하고 데이트를 안 해 봤기 때문에 한국 사람 다룰 줄도 모르고-.

回 다룰 줄 모른다고?

어, 나는 한국 사람이 무서워.

ⓞ 왜 무서워요?

안 새겨 봤으니까, 몰-르니까 무섭지. 그러고 티비 보면 맨-날 살인 사건 나고. 어이고 여자 쥐어 패고. 아이고. 또라이 새끼들. (잠시 침묵) 그러고도 맞고 사는 거 보면 참 희한해이? 그게 좋은가?

回 그러니까.

요즘은! 여자 때렸다 하면, 걸려-. 미국식으로 고런 것도 딱 갖다 집 어넣어버려야 돼-.

* * *

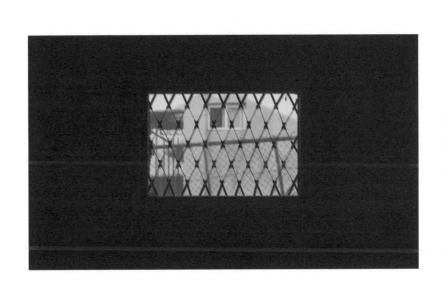

이모 이제 우리 딱 1시간 정도만 하구-. 이모 30분 있다 담배 피울 거잖아. 그럼 우리 [TV] 소리 이것만 줄여도 돼?

네, 이거 트는 건 상관없는데 소리 조금만.

(잠시 후에 작은 목소리로) 노친네가 듣-잖아.

아.

노친네가.

들려?

그래-! 뿌스럭 소리까덩 들리는데.

그러면!

세상에, 접때는 잘려고 하는데? 아이 씨벌 코 고는 소리 때문에, 잠을 잘! 수가 없어. 아이 무슨 여자가 노친네가 코를 그렇게 고냐? 티비 틀어놓고, 코 골고, 그럼 사람이! 잘 수가 있냐? 농[옆방과 맞닿은 벽 앞의 농]을 내 때리 쳐도 소용없어! 씨부랄년. 가지가지 여러 가지 한다니까.

이 소리가 너무 커서.

어떡하죠?

뭐가.

이렇게 하면은. 혹시 마이크도 있으세요? 민주 작가님?

이거 무선마이크가 없어서… 이 마이크[선이 짧은 유선마이크]밖에 안 되거든요. 이 마이크 되게 괜찮긴 한데.

그렇게만 달면 요것[TV 소리]도 들어가니까요….

중략

이 정도 쭐이면 돼?

　　　⊡ 이모 편할 대로 해.

　　　ㄱ 괜찮을 것 같아요.

　　　⊙ 예, 이 정도면.

아이고, 나도 이제 여기다 꼬추 심을라고. 달래 다 뜯어서 버려버렸
어. (개털이 붙은 은진의 검정색 바지를 보면서) 우리 집에 올 때는 청바
지나 그런 거 입어. 색깔 있는 거.

　　　⊙ 뭐 빨면 되죠. (웃음)

　　　ㄱ 테이프로 떼면 되지.

저 새끼[복돌이]는 아주.

　　　ㄱ (복돌이를 보며) 진짜, 뜩- 누워가지고 [팔자가 좋다].

그거[촬영장비]는 또 뭐대?

　　　⊙ 민주 작가님, 다 되면 알려주세요.

　　　⊡ 이모, 소리 쪼끔만 더 줄일 순 없죠? 이모?

(리모컨을 집어 TV를 끈다)

　　　ㄱ ⊙ 헛!

　　　⊡ 어려운 결정을 하셨어.

　　　ㄱ ⊙ (웃음)

중략

　　　⊙ (민주에게) 시작할까요?

　　　⊡ 네.

(누렁이에게) 하지 마라이 누렁아! 거기서 뛰고 그러면 안 돼! 전기
담요 나가이.

(은진에게) 뭐?

　　⊙ 평택에는, 어떻게 오게 되셨어요?

어어. (눈에 띄게 더 부드럽고 작아진 목소리로 머뭇거리다가) 그렇게, 이야기를, 그렇게 시작을 허면 안 되지.

　　⊙ 그래요? 그럼.

처음부터 시작을 해야지.

　　⊙ 그럼 처음부터 해주세요.

(깊은 한숨) 하이휴, 또 가슴 아픈 거를 꺼내야 돼. (머뭇거리다가) 내가 살아온 거는, 엄마 아버지 두 살 때 잃고, 우리 집에서 일하는 여자가 나 업고 심부름 갔어-. 동네 사람이 들어가지 말라고, 업고 도망가라 그래갖고, 그 집에서 살았어. 그 집에서 엄만 줄 알고 살았지. 우리가 남매였거든. 그런데 오빠 죽고 엄마 죽고 아빠 죽고. 그러고 그 집에서 살다가, 휴-, 여섯 살 때 그 아줌마가 폐병으로 죽어버렸어. 그래가지고 쩌기 그 집에서 딴 집으로. 살았을 때 이야기해가지고 보내줬는가 봐. 어떤 아줌마가 와서, 같이 가래.

　　(가라앉은 축축한 목소리로) 어리니까 뭘 알아? 그래서 갔지. 그 집 갔더니 딸이 있어. 성북동이야. 그 집 딸이 나만 한데, 나하고 동갑이지? 근데, 그 애 오빠도 있고 집이 굉장히 커. 그래가지고 거기서 그 집 딸하고 나하고 한방에서 잤지. 자고 거기서 컸지. 컸는데, 그 집 딸이, 인제, 나가면 동네 사람들이 아우 얘는 이쁘게 생겼다고 누구냐고 자꾸, 그래 쓰다듬고 그랬는가 봐. 그러니까 이게, 속으로 앙심을 품었든가 봐. 그니까 걔는 진짜 못생겼어. 내가 봐도.

　　하루는 툇마루를 내가, 툇마루가 이렇게 높아. 거기서 이렇게 먼 산 바라보고 있는데, 뒤로 와서 밀어버린 거야. 나를. 확- 밀어버린 거야. 그 바람에 떨어지면서 여기 허리 척추뼈가 뿌러져버린 거야.

그래가지고. 얼-마나 죽다 살았어. 진짜. 차라리 그때 죽었으면 좋았을 텐데. 그때 그래갖고, 6개월을 진짜, 오줌 똥 받아낼 정도로. 그렇게 허리가 아픈 거야. 어디서 그 아줌마가 뭔 약을 갖고 와서 먹으라고 줘. 요만-한데. 그러니까 한약 정돈가 봐! 그걸 줘서 먹었어. 먹고, 먹고 했더니, 조금씩 조금씩 나져-. 그래갖고 나았어. 한 달쯤 걸렸지.

그렇게 못되게 굴고 그러더니, 인제 커가지고 내가 거기서 열일곱 살이 됐어. 됐는데, 그 집, 그 딸이 한양대학교 다녔거든. 인제 커가지고. 근데 나는 그 집에서, 이민 간다고 막 그런 소리가 나오더라고. 그 아줌마가 이야기해가지고, 이태원으로 가게 됐어. [어떤] 할머니 집으로 가가지고. 거기가 크게 식당을 했어. 거기서 써빙 하고, 근데 할머니가 너는 한국 사람하고 결혼허기는 힘들겠다 그래. 인제 엄마 아버지가 없으니까, 하는 소리겠지. 그러면서 차라리 미군 클럽으로 가라고. 거기 미군들 새겨놓으면 좋다. 가 봐라 그랬어.

그래갖고 미군 클럽에 그 주인 오라개갖고[오라고 해가지고], 식당에서 밥을 먹었거든. 주인은 얼쑤구나 하고 데리고 갔지. 첨에 가니까 클럽 안에서 한쪽에서는 햄버거도 팔고, 핫도그도 팔고, 다 팔았어. 커피도 팔고. 그리고 한쪽은 클럽이고. 가서 모르니까. 가만히 앉아 있었지 뭐. 아가씨 대기실에 가만-히. 앉아 있는데. 첫 스타뜨! 로 나를 부른 거야. 미군이 들어와가지고. 그래 씨발 미군이 쳐다만 봐도 무섭고! 하-.

그냥 얼어가지고 앉았지. 앉아가지고 있으니까. 미군이 이렇게 손댈라 하면 기!겁을 하고 내가 그랬더니. 허-, 지금 말하자면, 베이비- 괜찮다고. 그때는 뭔 줄 알아? 그 소리가? 그래가지고 가만-히 이렇게 앉아 있으니까 웨타[waiter]가, 지배인이 와가지고, 첨 왔다고, 나이도 어리다고 그러니까. 아- 이 새끼가! 저녁!마다 오는 거야. 이 새끼-. 죽일 노무 새끼가. (웃음) 저녁마다 처기어오는 거야. 일만 끝!나면 씻지도 않고 처기어오고 지럴해. 화장품도 사다주고. 내가 그때 열일곱 살 때니까, 화장허기나 허나? 할 줄도 모르지. 향수도 사다주고, 루즈도 사다주고. 뭐, 그냥 언니들 줘버렸어! 나는 화장 안 하니까.

그러니까 언니들이, 언니들이 그렇게 잘해줬어. 나이 먹은 언니들이 많았거든. 아이구- 꼬마야, 꼬마야 그랬어. 제일 어리니까. 꼬마야, 그러고. 아이구, 꼬마가 몰라서 그런데, 괜찮아-. 괜찮아. 그냥 미군이 시키는 대로만 하면 돼, 그러면서 갈켜준 거야. 그래서 그냥, 가만-히 있는데, 미군이 와서 이렇게 손을 만지는 거야. 가만있으면 된다 해갖고, 가만있었지. (웃음) 굳은 상태로, 가만있었어. 하-. 이쁘다고 그러는 거야. 화장도 하나도 안 했겠다, 머리는 이-렇게 길었어. 근데 꼽슬머리잖아.

그러니까 미군이 쌤푸도 사다주고, 린스도 사다주고, 인제 그렇게 저녁마다 먹을 것도 사오고, 그런 거야. 그런데! 그게 나는 싫었던 거야! 그-렇게 싫었어! 좌우지간 싫었어! 3개월을 쫓아다녔어. 그래도! 맘, 내 이 닫힌 마음이 안 열려. 징그럽잖아! 오면 숨어버렸어. 숨어버리고 그래가지고. 인제 그담부터 일찍 안 오더라고. 늦게 와 이 새끼가. (누렁이에게 큰소리로) 야! 누렁아!

(경빈, 은진에게) 내가 앉은 남자, 딴 남자가 앉았는데, 그 남자는 호리호리-허니 키도 별로 그렇게 안 크고, 괜찮아-! 근데 그 남자가, 진-짜 진짜 잘했어. 진짜 진짜 나한테 잘해줬어. 첨이고 그러니까 진-짜 잘해주고. 내가 보광동에다 주인이 방을 얻어줘가지고 보광동에서 다니는데, 꼬오옥- 일 끝나면 우리 방문 앞에, 대문 앞에

까장 데려다주고 가. 그거를 1년을 했어, 그 미군이. 지금 말허자면 크면 잡어먹겠다 이거지! 너무 어리니까. 1년을 그렇게 쫓아다니고, 딴 테이블에 가 있어도 아-무 말도 않고, 일절, 내색도 않고. 지 볼일 보고, 당구 치고. 그러고 노는 거야, 그냥. 나는 그러다보니까 사람이, 쪼금썩 쪼금썩, 정이 들더라고. 마음의 문을 열게 돼.

근데 그 3개월을 쫓아다닌 놈은 (웃음) 염-병 지랄을 헌 거야. 내가 딴 남자 새겼다고. 그러게나 말게나. 미군들이 진짜 너도나도 했어. 나를. 너도나도. 나이가 어리고 그러니까. 화장은 요만큼도 안 했지. 너도나도 그렇게 했는데. 내가, 그 1년채[째] 잘해줬던 미군이, 민속촌에 놀러를 가자 했어. 미군이 키가 작아도 뭐, 크잖아! 이렇게 걸어가는데, 그것들도 애인인가 봐. 한국 여자하고 한국 남자하고 가면서. 아이고 저거, 버드나무 매미 붙었다 그러는 거야-! 그게 나는 뭔 소린가 했어. 근데 키가 그렇게, 미군이 크니까 나는 작고. 그런 소리를 했던가 봐.

그러게나 말게나. 가가지고 민속촌에서 그렇게 놀고, 열아홉이 됐어. 이제 세월이 흘러가지고. 그리고 인제 그 미군이, 학교 선생이었어. 대학교, 우리나라. 근데, 그-렇게 잘했어. 하이튼 새기다 보니까 정이 들게 돼가지고, 그 남자한테 첫 순정 바친 거야! 내가! 그러고, 그 남자가 인자 결혼하자고 한 거야. 결혼은… 나 같은 2세가 필요 없고, 결혼 안 한다고. 그릏-게 결혼하자고 쫓아다니고 했는데도 내가 결혼 안 허니까, 떨어져 나가더라고. 그러고 나는 딴 남자하고 살림 들어가버렸지. 돈 주는 남자. 생활비 주고. 인제 돈 받고 살림 들어가서, 미군네 집서 사는 거야.

그러면서도 나는 일 나갔어, 일 나가고. 일만 나가면 또 주인이 델러 와. 그러고 3년을 이태원에서 있었지. 근데 송탄에 [있는 다른]

주인이 술 먹으러 이태원에 자주 왔어! 고 주인이 나를 꼬드겨가지고 빼온 거지, 욜로. 그 미군이 1년 살고 가고, 나는 인제 욜로 오고, 이태원서 3년 있다가 송탄에 와서 한 30년 있었나, 있었고, 송탄에도 사연이 많지 뭐. 하이고 이야기 다 할라면 골치 아퍼! 아이고. (웃음) 사연이 많-고. 그렇게 나는! 클럽에 나가서 한 달도 안돼서 살림 들어가.

ⓞ 송탄 와서요?

응! 송탄에 와서 살림 들어가갖고, 그 사람이 대구로 떨어졌어. 대구로 떨어져갖고 케이트[대구 공군기지 K-2]에서 11년을 살았는가 봐. 살다가, 안정리로 왔지. 안정리로 와가지고. 언덕마을 사는데. 거기서 친구한테 돈 다 뜯겨버렸지. 미군은, 하이고- 미군 새끼도 도둑놈이야-. 내 2만 불 갖다가, 송탄에 가지고 여자 다이아 반지 해주고, 티비 사주고, 냉장고 사주고, 그래야 되겠어? 내가 송탄에 30년 있었는데 내가 그 소리를 못 듣겠어? 그래갖고, 그 길로 내쫓아버린 거야. 미군.

그랬더니 뭐라 그러는 줄 알아? 너는 니 친구한테 돈 그렇게 뜯기면서, 나는! 나도 벌어다줬는데 그거를 내가 못 쓰냐고. 그런 개새끼가 어딨어. 그래가지고 돈 잃어버려갖고, 돈 뜯기고 나 쇼크 받아갖고, 집을 집 앞에다 두고도 못 찾았어. 밤새도록 헤맨 거야. 그래 동네 아줌마가 왜 그러고 있냐고 했어. 우리 집이 어디냐고 물으니까 '여기잖아!' 그러잖어. 그렇게 쇼크 받았구. 하-. 인제 고만하자.

🖬 근데 이모, 이런 얘기도 좋은데, 그냥 이모 기분 좋은 얘기해. 왜, 왜 이모 슬픈 얘기만 할려 그래?

기분 좋은 일이 뭐가 있어, 개뿔이나. 뭐가 있냐구!

🖬 북한 욕할까 우리? 빨갱이들 욕할까?

ㄱㅇ (웃음)

아이고. 그르니깐, 안정리 와가지고 넉키[Lucky] 클럽에서 일했지.
넉키 클럽. 거기서 일허는데, 인제 아가씨 노릇은 못 하잖아. 써빙
해야지. 써빙은 생전 첨이야 여기서. 써빙 4년 일하고 다리 아파가
지고, 다리가 또 도진 거야. 이 허리. 그래가지고. 이제 고만두고, 이
렇게 들어앉아 있는 거야. 뭐 할 이야기 개뿔도 없다. 옛날이야기-
말로 허자면 그거 뭐 뭐… 어떻게 다 해? 하나하나 대강대강 찝어
서 이야기하는 거지, 사연이야 많지! 자살도 시도 많이 했고. 그니
까, 아-무리 살아도, 미군하고 재밌게 산다개도, 항상 한구석에는
허전감이 있는 거야. 어딘가 모르게 허전한 감이. 하-.

　추석 때 되고 막 설 때 되면, 어? 집에 간다고 선물 사고들 그러
면 가슴 아프고. 그러면! 나는! 소, 갈비, 짝으로 들여와버려! 한국
마케[market] 가가지고! 소고기 갈비 한 짝을 사버린다니까 내가!
사가지고 저녁서부터 아침까장 음식을 해. 잡채도 만들고. 방앗간
에 가서 떡도 맞추고. 갈비 그거 다- 다듬고 다 양념해서 재고. 나
물, 있는 대로 다 해! 만들어. 그러면 미군은 또 뭐라 하는 줄 알아?
부대 사람이 다 여기 와서 먹고도 남겠다.

　ㅁㄱㅇ (웃음)

그래가지고 동네 사람 다- 불러. 동네 아줌마들 아저씨들 다 불러
갖고, 한 상 채려놓고 먹으라고 그래. 그렇게 스트레스를 풀었어, 내
가. 여그 와서도 일 나갈 때는 음식 다 만들었어! 부침개도 하고 똥
그랑땡도 하고 전도 포 떠다가 부치고, 다 했어. 떡만 안 헌다 뿐이
지. 그래가지고, 클럽에 싸갖구 가. 싸갖구 가면 신나게 처먹어덜.
(웃음) 그렇게 했는데, 지금은 안 해! 해 봤자, 누구, 먹을 놈이 어딨
어. 개들은, 그냥, 고기나 해서 주지. 뭐 멕일 때 돌아오면 고기는 꼭

해, 내가 애들 먹일라고. 그렇게 하고, 뭐, 나머지는 담에 하자! 한꺼
번에 다 못 한다. (잠시 침묵) 담배 태와. 커피 끓일까?

　　　🄼 난 괜찮아 이모.

너는 괜찮지만. (손짓으로 경빈과 은진을 빠르게 가리킨다)

　　　🄼 안 해도 돼.

　　　🄀 안 해도 돼요.

중략

인제 티비 켠다?

　　　🄀 네!

　　　🄾 네. 켜세요-.

(앉으며) 에이구. (TV를 켠다)

　　　🄾 (누렁이가 달려들자) 앙.

(누렁이에게) 야!

TV : 엘라는 여섯 살입니다. (아이의 비명 소리) **어느 날 집으로 날아온**
폭격에 충격을 받았습니다. 이후 엘라는 말을 잃었습니다. 엘라처럼
마음을 다친 아이가…

나는 검은 애들 있잖아, 여기 티비. 애새끼들을 그렇게. 애새끼들은
왜 그렇게! 처낳고! 밥 처먹고 할 지랄 없으니, 먹을 것도 없는 것들
이 무슨 애새끼를 그렇게 많이 낳아-!

TV : 아이들에겐 여러분의 도움이 절실합니다. 아이들을 안전하게
보호해주세요…

그러고, 이, 이렇게 먹을 것도 없으면서, 애들은 왜 그렇게 많이 낳아가지고!

TV에 다른 광고가 이어진다. 아픈 한국 어린이의 모습과 아이 아버지의 인터뷰가 나온다

(잠시 후에) 나는, 나 같은 2세가 싫었던 거야.

　　　　🔲 왤까? (잠시 침묵) 이모 애기 낳았음 진짜 이뻤을 텐데.

에? (잠시 침묵) 낳아서… 결혼해서, 미국 가서 살면서- 키우는 거는 괜찮은데. 여기서 혼혈아 그거 뭐, 뭐에다 써먹어! 혼혈아 낳아가지고. 아이구-. 티비 보니까 동두천에. 세상에! 노가다 일 해-. 어디, 지금이니까 그렇지, 옛날에는 써주지도 않았어, 혼혈아는.

TV에 국제어린이마라톤 중계와 지역행사 광고가 이어진다. 한참 다 함께 TV를 시청한다

접때 미국 여자가, 저기 내가 저거 후라이판이 오래됐잖아- 그랬더니, 그릇을 가져왔어. 냄비, 후라이판. 진-짜 잘해, 그 여자.*

　　　　🔲 그 음식 해오는? 햇살에 오는 사람이요?

어-.

　　　　🔲 이름 뭐지, 캔디?

캔디. 진-짜 잘해 나한테. 진짜 진짜 인간적으로.

한동안 TV 광고를 보며 앉아 있다

---

* 미군 부인 성경공부 팀의 일원이다. 이 팀은 한 달에 한 번씩, 매주 화요일에 열리는 햇살사회복지회 예배 및 모임에서 식사 봉사를 하고 있다.

나 설탕 넣어야 돼. (커피에 설탕을 넣어서 숟가락으로 젓는다) 뉴스를 봐야 되는데.

　　　⊙ 뉴스요? 이거 뉴스 채널이긴 한데. 날씨[일기예보] 끝나면 뉴스 나올 거 같아요.

어어. (민주에게) 그때 파김치 가져간 거 먹었어? 갖고 왔어? 그릇 갖고 왔어?

　　　🔲 까먹었어.

참- 젊은 애가.

　　　⊙ (웃음)

나는, 내 필요한 것만 놔두고 쓰거든.

　　　⊙ 가져오셔야겠는데요?

또 팩 봉지에다가 싸갖구 가.

　　　🔲 이모 다음에 올 때, 다음에.

(은진에게 커피 탄 것을 건넨다)

　　　⊙ 잘 마실게요. 감사합니다.

미국 사람들은 커피를 그렇게 많이 마셔. 한- 컵 따라가지구 먹어. (복돌이에게) 이렇게 해 봐 복돌아. 옳-지. 아이구 착해라. 우리 개들 착하지?

*　*　*

(뉴스를 보다가) 미국에서, 북한에다가 폭탄을 터뜨리고 싶어도, 거기 터뜨리면 우리 한국 서울에다가 떠, 떨어뜨리니까, 못 하고 있는 거야.

　　　⊙ 그쵸-.

지금 비상이야. 세계적으로도 비상이라고.

┓요새 맨날 전쟁 날 것처럼 하고.

⊙ 맞아.

(뉴스를 보며) 저것덜 꼬라지 좀 봐라. 어휴. (잠시 침묵) 난, 북한에서 장성철.* 그 사람 죽였을 때가 좀 안됐더라고.

┓왜요?

그 사람이, 굉장해. 똑똑했어. 똑똑하고, 쭝국허고 친했고. 그 사람이 만약에 북한에 앉았으면, 출마했으면, 한국하고 통일을 할 수도 있어. 그거를, 총으로 쏴서 죽였어. 그것도, 이 살점 하나 없이 다 기관총으로 갈겨가지고 죽였잖아. 요, 살점 요만치도 안 남았잖아. 다 풍, 풍지박산이 돼서 날라가부렀지. 그렇게 죽여야 되겠냐?

TV: 여론조사 결과 공표가 금지되고, 사전 투표는 4일부터 5일까지 이틀간 진행됩니다… 공식 선거 시작일을 하루 앞두고…

대통령이 누가 될 것 같냐?

▥이몬 누구야? 대통령?

아유, 나는, 아무도 없어.

┓김무성…?

⊙ 김무성은 안 나왔잖아.

누구?

⊙ 안 나왔잖아, 김무성. 김무성?

▥이모가 사랑.

┓어. (웃음)

그러니까, 올해 출마 안 했잖아.

* 장성택의 잘못.

⊙ 그럼 누가 될 것 같아요?

(잠시 후에) 아직은 몰라.

TV: 한국당 홍준표 후보는 안보와…

(홍준표를 보며) 아이고 이것도 꼴 보기 싫고.

　　ㄱ (웃음)

　　田 쟤는 원래 꼴 보기 싫은 앤데. (경빈, 은진에게) 다들 토론

　　　봤어요? 엄청 웃기더라고.

　　⊙ 자기가 삼성 세탁기라고…. (웃음)

(유승민을 보며) 요 합죽이도 꼴 보기 싫고.

　　ㄱ 합죽이!

　　ㄱ ⊙ (웃음)

　　田 응?

　　ㄱ 유승민.

　　田 왜 유승민이 합죽이야?

　　ㄱ 여기 입, 입매가 약간. (웃음)

　　⊙ (입꼬리를 내리며) 이렇게.

　　ㄱ (TV 화면의 심상정을 가리키며 영미에게) 이 사람은 어때요?

여자?

　　田 어.

관심 없어.

　　ㄱ (웃음 터뜨리며) 관심 없어. 더 무서운 무관심. (웃음)

김무성이도 난 관심 없고. (잠시 후에) 저, 젊은 애덜이 김무성 많이

찍었더만.

　　⊙ 아, 그래요?

여기에서는 반대하는 사람들도 많어. 처음에는, 뭐- 잘하겠다 뭐- 잘하겠다 해놓고 개나발을 까니까. (잠시 후에 안철수를 보며) 니네들은, 얘는 어떠냐, 얘.

  ⊙ 안철수요?

  ㄱ 전 싫어….

  ⊡ (잠시 후에) 이모 안철수 맘에 들지?

하이고! 난 관심 없어.

  ㄱ (웃음)

  ⊙ 안철수에 좀 관심 갖고 있는데요? (웃음)

(민주에게) 너는 안철수 좋아?

  ⊡ 아니?

아이고 우리 복돌이가 젤로 이쁘지.

  ㄱ 그러네, 복돌이가 인상이 제일 좋네.

  ⊙ 아아아-.

  ⊡ ㄱ ⊙ (웃음)

* * *

(뉴스를 보며) 김무성 저거는 오-도방정 떨고 다녀, 아이고. (잠시 후에) 커피 마셔.

  ㄱ 네.

나이 먹으면, 콧물도 자주 나오고… 에이. (코를 풀며) 여기 아줌마가 그래도 참- 잘하는 거야 나헌테. 티수[티슈] 같은 거, 개 사료 같은 거, 무거운 거는 다- 사다줘.

  ㄱ 요 앞집이요?

(고개를 끄덕인다)

TV에 슬픈 음악이 깔린 세월호 영상이 나온다

하이고- 천안함. 이거, 하이튼, 어휴.

　　🄼 세월호.

어, 세월호. 저거 꼴!도 보기 싫어 그냥. 하도 보여줘갖고. 아니, 그렇게 지 자식들 죽어갖고 돈 어마어마하게 받았잖아.

　　🄼 안 받았어 이모.

받았어!

　　⊙ 안 받았어요. (잠시 침묵) 안 받았다던데요.

돈 받았어, 다, 나라에서. 다 해줬어.

　　🄼 아냐, 하는 말이지, 안 받았어. 어떻게 자식이 죽었는데 돈

　　　 받고 퉁치겠어 이모.

해줬어-!

　　🄼 안 해줬대.

침묵하는 사이 슬픈 음악이 이어진다

　　🄼 짠해. 오늘이, 4월 16일이라.

　　⊙ 아- 3주기.

그 애들도 팔자야. 왜 이 배를 타가지고. 또, 그 당시에… 그, 수학여행을, 갔냐고-. 그렇게 죽으란 팔자야. 그 [배에서 나온] 동물 빼[뼈]는, 뭔- 놈의 동물 빼가 그렇게 많대?

　　🄼 그러게.

몇 마리를 처먹을라고, 그렇게 돼지를. 동물 빼가 그렇게 많아.

TV: 참사 3주기를 맞아서 많은 시민들이 목포신항을 찾고 있습니다.

정주희 기자입니다. 세월호 선체 외부 세척 작업과 내부 방역이

실시됐습니다. 동시에 작업자들이 세월호 우현으로 진입하는 데 필요한 26미터 높이의 계단이…

그니까-, 짐!을 많이 실은 거야. 차! 차-를 어마어마하게 실었더만-. 그러니 한쪽으로 쏠리니까- 엎어지는 수밖에 더 있어?

TV: 두 번째로 선체 위해도 · 안전도 검사를 통해 선체 안의 유해가스 존재 여부나 공개 위험성을 점검합니다. 이미 내부 상태를 살피기 위한 내시경 촬영은 시작됐습니다. 현장 수습 본부는 이르면 오는 18일쯤 구체적인 선내 수습 계획을 발표할 예정입니다. 미수습자 가족들은 날씨가 따뜻해지고 있는 만큼…

저거 들어 올릴 때, 그 안에 고기도 많이 있었을 거야. 고기들이, 응, 거기 들어가 있잖아. 그러니까 배 올릴 때, 고기가 (웃으며) 그 안에 많이 있었을 거라고.

　　　ㅁ 음. 많았겠지.

누가 그 고기를 먹겠어? (잠시 침묵) 사람이 바다에서 죽으면, 고기가 제일 먼저 좃어 먹어.

TV: 서형석 기자가 보도합니다. 3년의 항해를 마치고 육상에 올라온 세월호. 인양의 최종 목적인 미수습자 수습과 사고 원인 규명을 위해 대기 중입니다. 해양수산부는 세척 작업을 마치고 본격적인 선체 수색 준비 작업에 들어갔습니다. 선체 우현까지 작업자들이 드나들 수 있는 워킹 타워 두 대가…

(영미가 빵 봉지를 집어 드는 소리에 누렁이가 놀라자) 이년은, 놀-래긴.

　　　ㄱ (웃음)

겁도 많아! 누렁이.

🖪 그니까. 복돌이는 눈곱이 너무 많이 꼈네.

눈곱 안 꼈어! 눈물을 흘려서 그래. 나이가 몇 살인데- 할아버지지,
이놈은.

🖪 귀여워-.

⊙ (복돌이에게) 안녕?

🖪 이렇게 착한 강아지가 어디 있어.

⊓ 진짜. 완전 순하고.

아이고, 늙으니까. 나도 늙었지, 너도 늙었지, 참. 가지각색이다.

2017년 5월 7일

이날은 민주, 은진 두 명이 방문했다

뭐-서[뭐 하러] 꽃을 사와.

　　　🔲 어버이날이니깐.

안 사와도 돼.

　　　🔲 꽃이 너무 비쌌어. 역시, 이 한철에 사람들이….

이게 얼마야.

　　　🔲 이게 5천 원.

에이고, 차라리 돈을 먹지! 성의는 고마운데…

　　　🔲 (웃음)

돈-을 먹는 게 낫다 이거야.

　　　🔲 그치? 그래도 오랜만에 꽃 선물 아니야, 이모?

꽃 선물인데, 오래간만인데, 돈이 아까우니까 그렇지.

　　　🔲 나도 진짜 오래됐다, 받아 본 지.

내가 남자 없어도, 그런 생각을 안 했거던? 어제, 내가 쇼크 받는
가 봐. 여기 [사는] 남자… [그 남자] 마누라가 [우리 집에 가서] 이것 좀,

티비 나오게 좀 해두라고[해주라고] 그러니까 내 일 아닌데 왜 가서 일 해두냐고, 그러더래. 거기에 내가 쇼크 받은 거야.

　　　◉ 음.

　　　▣ 그런 사람도 있지 뭐.

거기에 내가 쇼크 받은 거야. 남자가 없으니까 이러는구나 하고.

　　　▣ 맞어. 나도 요즘 그런 생각이 너무 많이 들어. 집에 남자
　　　가 없으니까, 힘쓸 일을 내가 못하니까, 안 하니까.

미군 있을 때는 미군이 알아서 허니까, 착착 허니까 뭐 고런 거 신경을 안 써. 그 아저씨가 티비 뭐뭐 꽂으라간데, 내가 뭘 아냐고. (기침) 아휴. 그래가지고, 내가. 하… 엊저녁에는 기진맥진했어. 근데 이 아침에 [옆방에서] 불을 처틀, 남 자는데 불을 처틀면 무-지하게 더워. 이렇게 문 다 닫고 자는데, 아니 뭐가 웽웽웽웽 돌아가는 거야? 인나 부엌에 나가 보니까 발바닥이 띠거워서 딛지를 못하겠는 거야. 아-이고 승질 나. 나는 원래 미군하고 살 때도, 자는 놈 깨웠다 하면 하이고 미군 싸대기 안 올라갔다 하면 다행이야. 난리 나. 그런데 아침에 [눈]뜨자마자 그랬으니 얼매나 화가 나. 내가. 헤유. 헤유 징그러. 교회, 저 교회 기어나가니라고.

　　　◉ 아, 오늘 일요일이니까.

교회는 니미씨비라구도 아냐.

　　　▣ 열심히 다니시네.

도, 도둑길허면서. [촬영] 이제 다했어?

　　　▣ 사진? 아니, 또 찍을 거야. 좀 이따가. 좀 쉬고. (웃음) 이모
　　　도 좀 쉬어.

(웃음) (길고양이에게 밥을 주기 위해 일어서며) 나는 또 잽-싸게 저기 가야 된다.

* * *

갈 사람은 가야지 뭐. 인제는 어떻게 가느냐가 문제야. 사람은 한 번은 죽으니까. 나보고 담배 끊으라 카면, 술도 끊었는데 담배까장 끊으면, 뭐 공동묘지밖에 갈 일이 더 있어? 무슨 재미로 살아.

　　　🄼 (웃음) 인정할게 이모, 그건.

　　　🄾 애연가, 애연가 인정. (웃음)

아니, 나이 먹어도 남자 새끼들이 찝쩍거리는 게 있다잉.

　　　🄾 어, 진짜요?

응.

　　　🄾 누군데요?

　　　🄼 심각하다, 심각해. 그치?

아니, 요 밑에 사는 놈이야. 사는 놈인데, 접때는 내가 개를 데리고 나와서 도니까, 헛기침을 파악- 허는 거야. 인자 쳐다봐라 이거지. 그래서 내가 보지도 않고 와버렸거든? 와버렸더니, 또 그 지랄 허는 거야. 그래서 말두 안 했어, 그랬더니 저번날에 개 데리고 있는데, 누렁이 가만-히 앉아 있는데, 또 욜로 기어가요. 기어가면서…

　　　🄼 기어 다녀, 아저씨? (웃음)

　　　🄾 (웃음) 사족보행 하시는가 봐요.

(흉내 내는 목소리로, 헛기침을 하고) 개 안 물어요?

　　　🄾 으음.

개 안 물어요? 이 씨발놈의 것. 대꾸도 안 해버렸어. 그런 새끼한테 뭘 대꾸를 해. 쯧.

　　　🄼 이모 인기 많잖아. 원래도 많았잖아.

에이, 젊었을 때야 그랬지 뭐. (코를 푼다) 이, 알레르기. 알레르기 나.

***

◉ 지난번에 그거, 아까 보시던 거예요? 홍길동?

응! 나는 홍길동은 봐. 모레는 또 투표하러 가야지.

◉ 음, 맞네요. 누구 뽑으실지 정했어요?

2번[홍준표]!

◉ 2번?

몇 번 찍어.

◉ 고민 중이에요.

2번 찍어!

◉ 2번 찍어요? (누렁이가 우당탕 뛰자) 아이고-.

2번 찍어야지 우리나라, 저기가 돼.

◉ 뭐가 돼요? 궁금해요.

어… 그 사람이 돼야 북한에 안 퍼줘.

◉ 음-.

북한 것들하고 나하고는 (손바닥을 어긋나게 탁탁 치며) 요거야.

◉ 음- 4번[유승민]은, 4번도 북한 안 된다고 하던데 달라요?
    2번이랑 4번이랑?

저기, 2번이, 그만큼 많이 배웠고. 그 사람, 배가 고파서 물을 먹고 공부를 했대. 그런 사람인데 퍼주게 생겼어? 그러고, 그 사람이 되면 아마, 국방부고 어디고 철-저하게 할 거야. 그러니까 나라를 생각하려면 그 사람을 찍어야 돼. 하얀 대가리는 아냐!

◉ (큰 웃음) 하얀 대가리- 문재인 말하는 거죠?

어-!

◉ 1번.

(작은 소리로 중얼거리듯) 아냐… 여그서 하얀 대가리, 나 아는 사람들은 하얀 대가리 찍는 사람 없어.

⊙ 없어요? 햇살에 계신 다른 분들도 다 하얀 대가리 안 찍
　으세요?

몰-라. 자기 마음이겠지. 나 아는 사람은 아니야. 그리고 하얀 대가
리는, 하이고. 김정은이를 만난다고 하잖아-.

⊙ 음-.

북한 것들은 도덕[도둑]놈의 새끼들이야. 우리 부모도, 북한 것들한
테 죽고.

⊙ 아, 그러셨어요?

그러는데 그것들을 좋게 보겠어? 그러니까 더 상극이야-.

⊙ 두 살 때 돌아가셨다는 부모님이 북한 때문에 돌아가신
　거예요?

응.

⊙ 어떻게 아셨어요? 그 소식을?

주위에서들 이야기를 하니까. 왜냐면은, 우리 집이 굉-장히 잘살은
거야. 일하는 사람덜 많이 두고, 종로에서 그렇게 잘살았는데. 옛날
에, 그, 있는 놈, 있는 놈들은 다 죽여버렸어. 있이 사는 것들. 그래
가지고 죽은 거지. 내가 그래가지고 혼자 이렇게 됐는데 저것들을
좋게 볼 리-가 있어? 그런데 하얀 대가리, 응.

⊙ 하얀 대가리. (작은 웃음)

그것 만나러 간다는데 내가 찍게 생겼어? 그러고, 그렇게 퍼줬잖
아, 옛날에-! 퍼줬는데. 그거 가지고 핵무기 만들고 그런 거지. 그런
것들 뭐 하러 퍼줘- 퍼주면, 감사한 줄 알고, 어? 잘해야 될 거 아니
야? 삐뚝하면, 어? 폭탄 날린다고 염병을 하고. 그, 티비 봐! 여기 탈
북해서 온 애들. 어려서부터 도둑길을 해. 도둑길을 안 헌 놈이 없
어! 요런 것들이 사람이야? 그 서울에서, 저기 서울 아빠뜨에서, 탈

북해서 와가지고 두 집을 털은 거야. 두 집을 털고, 또 털러 들어가

갖고 걸린 거지.

◉ 뉴스에서?

응, 뉴스 나온 거지. 그 개새끼 어딨어. 도둑놈의 새끼.

◉ 그러니까요. 도둑질은 하면 안 되는데.

거기서는, 없으니까 처먹고 살려고 했다고 하지만. 여기서 지금 밥

못 먹고 살아? 개새끼… 습관이야 습관. 평생을, 도둑길, 사기꾼.

◉ 근데 여기에도 못 먹고 사는 사람 있지 않아요?

어디.

◉ 그냥, 주변에?

없어-!

◉ 없어요?

못 먹고 사는 거는, 지가 못해서 못 먹고 살지. (옆방을 가리키며) 이것

덜, 어, 빨래해서 다 갖다주지, 반찬 만들어서 갖다주지, 지 딸내미

이 동네서 살어. 자석[자식]들, 차를 을-매나 좋은 거 몰고 다니는데.

옛날에, 조사해 보니까, 아들이 한국통신 부장이더래.

▣ 우리 고양이도 아팠는데, 우리 고양이도 피부병 때문에

힘들었는데. 걔는, 눈 그래서 빼야 된대.

그래도 그런 애덜 거둬주면 복 받어. 복 받을라고 허는 거는 아니지

만, 진짜, 공짜는 없어. 진짜 공짜는 없어. 내가 옛날에, 미군하고 살

면서 존-나게 남을 도와줬거던.

▣ 존-나게 도와줬대. (웃음)

◉ 존-나게. (웃음)

미군이 일주일 먹을 고기를 사와. 그러면, 3일 있으면 또 사러 가야 돼.

　　🔲 멕여가지고, 사람들?

다 줘버려! 그때는, 한국 사람들, 미군하고 살면, 좀, 저기, 자기네딜보다 낫게 먹겠지, 그른 생각하잖아. 그러니까 갈비고 스테끼고…

　　🔲 맨날 구워 먹겠네.

나는 고기 입도 안 댈 때야, 그때. 다 줘버려. 그리고 에오콘[에어컨] 쓸라고 큰- 거 사다났어. 그런데 한국 아줌마네 오라개서 갔더니, 세상에 여름에 삼복더위에, 에오콘도 없이 사는 거야. 그래가지고, 달려고 갖다놓은 거 박스째 그냥 줘버렸어.

　　⦿ 아이고-.

　　🔲 에어컨?

응.

　　⦿ 하이고-. (웃음)

그랬더니 미군이 그걸 찾는 거야. 아, 없어!

　　⦿ 안 싸웠어요?

그랬더니 어디 갔냐. 한국 사람이 에오콘도 없이 애하고 살아서 내줘버렸다 그랬더니 나보고 미군이 뭐라 하는 줄 알아? 당신 밑에는 [밑은] 안 주내.

　　🔲 (진저리를 치며) 으으으-응! 진짜 싫어!

당신 밑에는 남 안 주내. 그렇게 남을 다 준다 이거야.

　　🔲 으으 너무 싫어. 별로네.

　　⦿ 그때가 언제예요?

그때?

　　⦿ 송탄 있으셨을 때?

응. 그러고 나보고 왜, 왜, 왜 그랬내. 부대 가서 뭐라 한 줄 알아? 자기 친구들한테? 내 여자는, 나를 사랑하는 게 아니라, 남 주는 재미로 산다. 그니까 이제 클럽에서 만나면 미군들이 날 쳐다보고 막- 웃어. 왜 웃냐 그러면, 니네 신랑이 너보고 주는 재미로 산다 한다. 저는 사랑 않고, 주는 재미로 산다 간다고.

* * *

누렁이가 영미에게 달려들어 핥으려 한다

(얼굴을 찌푸리며) 아잇, 씨.

　　◉ (웃음)

　　▣ 이모 왤케 싫어해? 뽀뽀하는 거?

에이구, 싫어.

　　◉ (웃음)

나는 미군허고도 키스 안 해.

　　▣ 헤-? 왜?

　　◉ 그래요?

내가 제일로 싫어하는 게 키스야.

　　◉ 왜요?

에이, 드럽잖아!

　　▣ ◉ (웃음)

　　▣ 나도 싫어해.

　　◉ 살림했을 때도 그럼 안 했어요?

안 했어- 난.

　　▣ 아저씨 서운했겠네.

　　◉ 그러게.

에이, 서운허기는.

　　⊙ 뭐라 안 했어요? 왜 안 하냐고?

응. 뭐. 왜 그러냐고, 더러워서 안 한다고.

　　▣ ⊙ (웃음)

　　⊙ 싸웠을 것 같은데요? (웃음) 안 싸웠어요?

(잠시 후에) 나 옛날에 굉장히 까다로왔어.

　　⊙ 그럴 것 같아요.

　　▣ 지금도 까다롭잖아. (웃음)

난 뭐, 미군 여자가 핸두폰 준다 하는 것도 싫어.

　　▣ 왜, 왜?

(잠시 후에) 싫어!

　　⊙ 그냥 받는 게…

응. 부담 가고. 핸두폰 가게에 가자고, 하나 사준다고, 안 해.

　　▣ 아줌마가? 미군이?

어어. 미국 여자가.

　　⊙ 미국 여자는 누구예요?

햇살에 오는 여자 있어.

　　⊙ 아, 그 부인이라는…

　　▣ 응. 미군 부인이야.

조금 있으면 [미국에] 가.

　　▣ 아, 간대?

곧 있으면 [남편의 복무 기간이] 만기 돼서 가. 오늘 일요일이지. 다음
주 온다 했어.

2017년 5월 14일

이날은 경빈과 민주, 두 명이 방문했다

다음 주에 올 때 서울에서. 서울, 어디 통닭 잘허는 집 있냐?

　　　□ 통닭?

어.

　　　□ 찾아봐야 될 거 같은데?

통닭집, 옛날에 송탄, 숯불에다 귀가지고 노릇!노릇!하게 참- 맛있
게 허는 데가 있었거던. 그랬는데, 지금은 싸그리 사라져버렸지!

중략

돈[기초생활수급비] 나오는 날, 여기서 허면, 사먹으면 되는데! 그 시
간엔 문 안 열어!

　　　□ 아, 아침에?

어-. 문 안 열어. 뭐 음식, 한 그릇 사먹고 싶어도, 순!대집만 열어!

　　　ㄱ (웃음)

씨-발. 순대 먹지도 않어.

　　　　ㄱ 순대 24시간 하니까. (웃음)

순대 먹지도 않어.

**민주가 촬영을 위해 경빈에게 자리를 옮겨달라고 손짓하자 경빈이 자리를
옮긴다**

순대 먹지도 않, (경빈에게) 아이고! 청바지 잘 입고 왔네! 야, 니네들
좋아하는 사람, 문재인이 대통령 됐잖아-. (큰 웃음) 니네들, 좋아하
는 사람.

　　　　ㅁ 난 안 좋아하는데, 이모?

　　　　ㄱ 하얀 대가리….

하얀 대가리-!

　　　　ㅁ ㄱ (웃음)

　　　　ㄱ 저희도 별로 안 좋아해요.

　　　　ㅁ 안 좋아해-.

북한에! 그 쌀 퍼다 준다 하는 거 봐라! 그 쌀 퍼다 준다는데! 온[오
늘] 아침에 폭탄 쏘아, (웃음) 포 쏘았냐?

　　　　ㅁ 어, 맞어 맞어.

　　　　ㄱ 아, 뭐 실험했나?

　　　　ㅁ 미사일….

테스뜨헌 거지! 어? 그 개!새끼가!

　　　　ㄱ (큰 웃음)

아니… (웃음을 참지 못하며) 크흑.

　　　　ㅁ 엄청 좋아해-. (큰 웃음)

아니. 그 개!새끼가 테스트헌 거지! 응? (웃음) 참!

　　　　ㄱ (웃음)

참 가지가지야! (웃음) 근데, 문재인이는, 뭐, 쌀 갖다준다고? 이 씹.
쌀 갖다주면 폭탄, (웃음을 참지 못하고 터뜨리며) 크흑.

　　　ㄱ (웃음)

그, 문재인, 엄마 아빠가, 이북 사람이데!

　　　ㄱ 아, 그래요?

저, 6·25 때 피난 와가지고, 부산으로, 그르니까 그 지랄 허지. 내가,
2번을 좋아했는데.

　　　ㄱ 저희 엄마도 2번 뽑았어요.

나도 2번! 어떤 여자가 투표허고 오는데! 누구 찍었냐고. 누구 찍었
으면 뭐 할 건데요!

　　　ㄱ 그 조사하는 사람인가?

　　　ㅁ 응, 그런가 보다.

어, 누구 찍었으면, 누구 찍으면 뭐 할 건데요-? 그거를 왜! 물어봐
요? 나는 맘 내키는 대로 찍어요! 그래버렸어. 그랬더니.

　　　ㅁ 이모 투표했네? 투표 가서, 가서 했네?

아이, 투표는 해야지!

　　　ㅁ 대-단한데? (웃음) 이것 봐.

　　　ㄱ 애국!

　　　ㅁ 그니까. 이모 병원은 안 가. 귀찮아서. (웃음) 근데 투표는
　　　　해. (웃음)

　　　ㄱ (웃음)

왜, 나 투표 한 번도 안 빠지고 했어.

　　　ㅁ 진짜, 다르다니까. 이유가 있어.

있지, 그른데, 흰 대가리는 내가 안 찍었지! 안 좋아!

　　　ㄱ 이모, 그… 예전에… 기지촌 있을 때는 박정희였어요?

그때는, 어리니까! 못 찍었지!

　　　　┓ 그때, 대통령… 박정희 맞죠?

응, 박정희였는데? 응, 어렸어. 주민등록이 안 나올 때니까. 그 열일
곱에 이태원에 있었는데. 인제, 그 육연수[육영수], 육연수 여사 죽은
거는 알지.

　　　　┓ 아-.

죽었다고 하데. (잠시 침묵) 그래가지고, (갑자기 밝은 목소리로) 김치
하나 먹어 봐라!

　　　　▣ ┓ (웃음)

앞집에서, 내가, 아이고 총각김치가 먹고 싶은데, 그랬더니. 그러면
평택[시내] 가니까 두어 단 사다준다구. 그럼 내, 돈 나오는 날 계산
해주지- 그랬더니 두 단 사왔더라구. 아주 무가 맛있는 거 사왔어!
전라도 무! 황토 흙에서 자란 거. 그래갖고 두 단 사온 거 담었지.
그, 나 먹을 거는, 익혔어! 인제 누구 오면 줄 거는, 안 익혔어.

　　　　▣ 어 맛있겠다. 이모! 근데, 나 지금 안 먹으면 안 되지? 나
　　　　　지금 똥 싸고 와서 속 안 좋아.

염병 지럴을 하네. (앉은 자리에서 손을 뻗어 냉장고 문을 열고 김치 통을
꺼내면서) 이거는…

　　　　▣ ┓ (웃음)

　　　　▣ 거부할 수 없어.

익은 거고?

　　　　▣ 안 익은 게 맛있지.

(또 꺼내며) 이거는-, 안 익은 거고!

　　　　▣ (놀라며) 히!

(김치가 든 밀폐 용기의 뚜껑을 열고 덮어 둔 비닐봉지를 벗긴다)

다음 주에는 여기서 밥 먹자이.

　　　　🔲 일찍 와야겠네.

응. 다음 주에 내가 밥헐게. 밥 먹어.

　　　　🔲 이모 우리, 예전에, 나 처음에 햇살에 왔을 때, 그때 막 기
　　　　　 자들 와가지고 인터뷰하고 그랬잖아. 이모가 인터뷰를
　　　　　 몇 번 했지?＊

몰라, 난!

　　　　🔲 몇 번 했지? 집에 기자들이 몇 명 왔었지.

내가 아는 것만 해도, 세 번!

　　　　🔲 기억나는 것만 세 번? 옛날이면 더 있었겠네?

몰라?

　　　　🔲 기억 안 나?

어.

중략

이런 생활 헌 거-. (깊은 소리) 그흐 뭐 그렇게 그냥! 알라고 그래!

　　　　🔲 (웃음)

성그래가지고[성가셔가지고], 나 연극하라 허는 것도 안 하잖아.＊＊ 안

＊　대표적으로 노스웨스트 헤럴드지의 기사가 있다. (Northwest Herald, "At U.S. base,
South Korean ex-prostitutes face eviction", 2014. 9. 6.)
＊＊　2017년 9월 12일 햇살사회복지회에서 주최하는 "할머니들의 주크박스 뮤지컬 〈그
대 있는 곳까지〉" 공연이 있었다. 미군 기지촌 이야기가 담겨 있으며, 햇살사회복지회의
몇몇 여성들이 배우로 무대에 섰다.

해! 그런 거 나는. 관심 없어. 그리고 그런 생활 헌 게 뭐가 그렇게 좋아. 그냥 먹고살 거 없고 어디다 의지할 데 없으니까 나야, 그런 생활 했지! 진짜 나는, 나야말로 어쩔 수 없이 헌 거야. 만약 미군이 안 들어왔다면 한국 클럽에서 일했겠지.

　　🭬 기자들 오면 뭐, 뭐, 뭐 어떤 거 물어봐요?

어떻게 살아왔냐고! 그러면 옛날 그 저기가 나오잖아! 그런 거 물어보지 뭐! (웃으며) 어떻게 살기는 뭐! 죽지 못허니까 살았지!

　　🭬 (웃음)

　　🭭 나 같네, 이모.

　　🭬 그럼 얘기하기 싫은, 싫어도 좀 할, 할 수밖에 없는…

응! 그 옛날, 부모 이야기가 나오잖아! 난 그런 게 싫거든? 그러니까 그냥, (큰 소리로) 그럭저럭! 살았다고 그래버렸지 뭐. (웃음) 닥치는 대로 살았다고 그냥! 근데… 휴, 미군 클럽에서 일하는 것도 힘들어-. 주인 눈치 봐야지, 술 못 팔면 눈치 봐야지, 술 팔면, 아이코-! 우리 영미가 최고야 최고! 사장, 애-쏘[asshole]. 엿 먹어라.

　　🭬 (웃음)

(숨을 크게 들이마시고) 나는! 그!렇게 술 많이 먹었어. 미군하고 살림하면서도, 아침에 양주 한 병 딱! 뜯어. 뜯으면, 저녁 되면 없어!

　　🭬 (놀라며) 히!

다 먹어버려. 먹고 일하는 거야! 일하면서 깨버리는 거야. 그때도 개가 있거든? 개 이부자리를 막 스무 개씩 빨아갖고, 옥상에다 말려서, 애들 깔아주고 그랬지. 그러면 동네 아줌마들이, 아이구 진짜, 저 새댁은 한국 남자하고 살아야 돼- 그랬어. 미군 싫어해-. 그러면 [내가] 미국 사람은 사람 아니냐구. (웃음)

***

나 뉴스 안 봐!

    ⌐ 안 봐요?

    □ 요즘 안 봐?

    ⌐ 너무 많이 나와서?

아니, 그 사람[문재인] 보기 싫으니까 뉴스 안 봐.

    □ ⌐ (웃음)

    □ (웃으며) 그러니까, 그니까.

    ⌐ 너무 많이 나오죠.

    □ 이모, 예전에 박정희 때는 박정희 욕했어?

안 했어!

    □ 못했잖아. 안 한 게 아니라. 그치, 그치?

못허고, 욕-할- 일이 없고!

    □ 욕할 일이 없었어?

    ⌐ 잘해서? 아님 뭐 잘 몰…

잘 모르고 보담도, 주위 사람들이 잘하고 있다고 그러는데 뭐-, 난!
클럽에서 일하기 바쁜데 뭐. (너털웃음) 그랬으니까 그랬지 뭐.

    □ 인제 뭐, 일을 하면, 미군들도 얘기하고 그랬을 거 아니야.
      대통령 얘기 같은 거.

그런 거 이야기 안 해! 관심도 없어-!

    □ 이야기 안 해? 남의 나라 이야기 관심 없구나.

    ⌐ 그럼 걔네 보통 무슨 얘기해요?

하이구, 여자들 이야기 빼놓으면 뭐. (웃음)

    □ ⌐ (웃음)

뭐 헐 이야기가 있어?

    □ 똑같네, 그치.

얼굴-형만 틀리지.

　　　　ㄱ (큰 웃음)

한국 사람허고 똑-같어.

　　　　ㄱ 얼굴형. (웃음)

그렇지. 어디 클럽 갔는데 어떤 아가씨가 예쁘더라, 어. 프리[pretty]-, 예쁘다고. 그런 이야기하는 거야. 술 먹으면서. 그리고 지 이야기하고, 자기 옆에 파트너하고 이야기하기도 바뻐.

　　　　▣ 꼬시기 바쁘지….

＊＊＊

(개껌 먹는 누렁이에게) 아이고, 아이고! 잘 먹네!

　　　　▣ 뿌듯하네. 미군이 사준 거야 이거? 미, 미군 여자가?

어!

누렁이가 개껌을 물고 민주에게 놀아달라고 다가온다

(웃음)

　　　　▣ 아니야 먹어.

또 물고 장난허다가! (큰 소리로) 하지 마! 하지 마!

　　　　▣ 하지 말래. 너무 물고 빨아가지고.

하지 마! 하-지 마이!

　　　　▣ 말은 잘 들어 참.

어. 하지 마! 하지 말라구 했지! 누렁아!

　　　　ㄱ (웃음)

　　　　▣ ㄱ 맞는다, 맞는다, 맞는다.

(누렁이 엉덩이를 짝 소리 나게 때리며) 하지 마. 하지 말라 했지! 마미

[mommy]가! 니 자리로 가! 니 자리로, 니 자리로! (다시 한 번 때리며) 앉어! 요년이!

　　回 (웃음)

하지 말라 했지! 거기 앉어!

　　回 놀아달라구.

　　ㄱ 미워할 수 없는….

　　回 응, 또 말은 잘- 들어. 누렁이가. 봐 봐. (웃음)

저년[누렁이]은 모르는 척해야 돼. 얘[복돌이]가 착하지. 우리 복돌이. 요, 가만-히. (복돌이를 아기처럼 안으면서) 아유, 내 새끼.

　　回 (웃으며) 가만히 있으니까 착해.

(복돌이를 꼭 끌어안고 볼에 얼굴을 대면서) 아유, 내 새끼-이. 이 새끼[누렁이]는 이렇게 안아주면 가만히 있지를 안 해. 저만 쳐다보라고 지랄이야. 뿌- 먹었어? 뿌- 먹었어? 아유- 이뻐. (누렁이에게) 하지 말라고 했어이!

　　回 누렁아 하지 마. 혼날 거 같아.

하지 말어, 하지 마. (누렁이를 찰싹 때리며) 하지 말어.

　　ㄱ 헛!

　　回 (웃음)

　　ㄱ 옛날에 살림하실 때는 개…

있었어-! 그때는 미군이, (잠시 침묵) 시튼자[시트를 이제] 싸악- 갈아 놓고 밖에서 일하고 있으면, 세상에 개를 데리고 침대에서 붕붕 뛰고 지랄 염병하는 거야. 그러면 개털이 뭐가 돼! 내가 아 요런 씨-발놈. 승질 나가지고. (앙칼진 목소리로) 야! 여기서 개하고 뛰면 어떻게 하냐! 그러면, 개털 싫으면 개를 안 키우면 된대. 그 지랄 허고. 나만 없으면! 그 지랄을 침대에서! 그랬는데, 그 애가 결혼할라 했는데 내가 안 했지.

　　　┒ 쫓아다녔던 그 사람이요?

또 있었어-. 미군이 하나둘이야 뭐? 줄줄이 사탕이지.

　　　┒ (웃음) 줄줄이 사탕.

하나 가면 하나 또 잡고. 미군 오늘 가잖아. 그러면 저녁에 일 나가
면 또 잡혀-. 또 살림허자고 그래. 그럼, 나는! 클럽 가가지고, 한 달
안에 살림 들어가버려! 그렇게 살림을 허자는 놈이 많았어. 먼저 돈
주는 놈이 나하고 사는 거야. (웃음)

　　　┒ (웃음)

　　　▣ 그럼 이모 생활비 같은 걸 주잖아, 미군이.

어.

　　　▣ 살림비. 그냥 다른 가정, 뭐라 그러지, 그냥 한국 남자랑
　　　　사는 아줌마들보다 돈을 많이 받았어?

그니까- 한 달에, 그 당시에는 100불이면 굉장히 많이 받은 거야.
100불. 100불 안 주면 안 살어!

　　　▣ 지금 한 10만 원 이렇게 되나.

어, 그담에는 인제 200불! 올라가지 그것도. (웃으며) 그리고, 시장
같은 데 가면. 내 돈 안 써. (웃음) 내 돈 안 써. 니 페이[pay]! 그리고
인제 그, 파는 거, 시장 안에 뭐 국수도 팔고 그러잖아. 거기에 가가
지고 앉아서 국수도 먹고, 그러면 사람들이 막 쳐다본다? 나, 민속
촌에를 갔는데 미군이랑. 근데 아이 씨발, 뒤따라오면서 (높고 걸걸
한 목소리를 흉내 내면서) 아-! 버드나무 매미 붙었네, 버드나무 매미
붙었네, 그러는 거야! 이제, [내가] 조그마하니까. 버드나무, 매-미
붙었다구 그러는 거야. 씨발, 이렇게 쳐다보니까 남자하구 여자하
구 둘이 오면서 보는 거야. 그래서 내가 이렇게 쳐다보고. 그냥 인

상 팍 쓰고 말아버렸지. 거기 민속촌에 가서 술을 얼-마나 퍼먹었는지. 좌우지간에 와-. 진짜 동동주 독해!

　　┓ 머리 아파요.

동동주허구, 맥주허구 소맥 했거든? 아우 나, 뒈지는 줄 알았어. 세상에, 똥물까장 토했어 내가. 진짜 그렇게 먹을 게 아니야. 아- 나 그래가지고 민속촌에 가가지고, 그러고 먹고 한 번 혼나고는, 목꾸정[목구멍]에서 피가 다 나온다.

　　▣ 음- 이모 요새 술 안 드셔?

술 끊은 지가 지금 한 5년?

　　▣ 그래도 작년에 약간 먹었잖아. 한 잔 두 잔.

안 먹어.

　　▣ 반주, 반주.

안 먹어.

　　▣ 아예 안 먹어?

안 먹어. 아이 티비서 쏘주병 나오면 속이 니글거려. 근데 지금도 가끔 술 생각 한 번씩 있어.

　　▣ 한 잔씩 하시면 되지 뭐.

(잠시 후에) 술 먹고 자면, 당이 떨어져도 몰라.

　　▣ 음-. 그럼 안 되지.

얘들[복돌이, 누렁이] 고아를 안 맨들라면 안 먹어야지.

　　▣ 응.

　　┓ 근데 살림하면 같이 새집으로 가서 사는 거예요? 아니면
　　　은 사는 집에 미군이 오는 거예요?

나 살던 집에를 오다가 인제 방을 빼고 미군네 집으로 합치는 거지.

　　┓ 음.

안 그러면 그냥 내가 살던 집에서 살림허던가.

　　ㄱ 그 사람들 그럼 원래 기숙사 같은 데 사는 거예요?

아니, 부대 안에서.

　　ㄱ 부대 안에서….

　　ㅁ 아예 들어가 산다더라고.

그리고 밖에서 방 얻어놓고 살고 그러지. 혼자 방 얻어놓고. 다 그러지 뭐.

　　ㄱ 그렇게 하는 게 클럽 나가는 것보다 편-, 편, 좀 나아요?

살림허면, 편하기는 편해. 일 안 나가니까. 화장 안 허고. 그런데, 또 그 나름-대로 피곤해-.

　　ㄱ 맞춰줘야 돼서…

밥 처먹으면 인제 일 나갔다가 저녁때 기어들어오지.

　　ㅁ ㄱ (웃음)

저녁때 기어들어와. 나 혼자 음악 틀어놓고 저녁 준비하고 있으면, 문 앞에서 오면서 허- 요 지랄 허고, 땐스 추고. 그럼 나는 무조[건], 현관 딱 들오면 쌰어장[샤워장]으로 가라 이거야. 땀내 나고 그러니까, 옷 벗고 쌰어장에서 목욕하고. 저녁 먹고. 근데 미군은 한국 음식을 안 먹으니까, 나, 그때도 혼자야! 어떻게 살던 놈들은 한국 음식을 안 처먹냐? 지네 거는 지네 처먹고. 나는 나대로 먹고. 또 뎬장국[된장국] 끓이면 염병 지-랄해. 씨-발놈이.

　　ㅁ (웃음)

된장국 끓이면 그-렇게 싫어해!

　　ㄱ 냄새….

응, 똥내 난다고. 이 씨발놈들. 우리 한국 풍속이야 이거는, 빙[bean] 삭혀가지고 이렇게 해먹는 거! 그래가지고 된장국, 찌개 해서 먹고.

김치, 나 혼자 먹어도 김치 해야 돼. 그러니까 냉장고가 두 개였지.
저는 고기만 처넣는 거. 나는 내 거 넣는 거. 그 고기 일주일 먹을 거
를 사와. 그럼 나는, 동네 사람, 아는 사람, 하나씩 다 줘버려!

　　　ㄱ (웃음)

중략

미군이 하는 말이, 당신은 한국 사람에 대해서 이야기만 하면 쌍불
을 켜고 뎀빈다고. 미군들이 한국 말하면, 니미 씨발. 니네-는? 니
네는? 한국 사람 이야기한다고 내가 막 뭐라 하고 그러거든.

　　　ㄱ 나쁘게 얘기해요?

그렇게 나쁘게 이야기 않고, 한국 사람은 왜- 자식들을 다- 컸는데
도 데리고 사냐 이거지. 미국은 안 그런데… [그러면 내가] 우리 한국
풍속이야, 이 씨발놈아! 그러니까 인제 나허고 싸우잖아. 그럼 내
가 욕하는 거 알잖아. 항상 씨발놈아 그러니까 나한테 그래. 씨발로
마- 씨발로마-. (웃음)

　　　ㅁ ㄱ (웃음)

그러면 아이고 이 또라이 새끼야 내가 너한테 욕하는[욕할 때 쓰는]
거야. (큰 웃음) 그리고 욕을 하고 싸웠어. 싸울 때마다 씨발로마! 씨
팔로마! 이 지랄 하는 거야, 나한테.

　　　ㅁ 이모한테 잘 배웠네.

*　*　*

　　　ㄱ 옛날에 결혼해서 미국 갔다가 돌아온 분들도 있어요? 이
　　　　혼하고? 많아요?

많-아-! (재떨이 냄비의 뚜껑을 닫으며) 아이고! 송탄에서 또라이 같은 년! 나한테 욕 되게 먹었어! 시장 가니까, 영어로 이야기하는 거야. (얇은 목소리를 흉내 내며) 오- 마케- 그러는 거야! 그래서, (큰 소리로) 얘! 너 한국 사람인데 한국말 못해, 너? 그랬더니 나 한국말 일절 안 배워서 모른대.

　　🔲 음-.

그담에 인제, 클럽을 가니까 그게, 한국말로 하는 거야! 아이 씨-발 년 약 올리잖아!

　　🔲 응.

그래가지고, 가가지고 야! 너 한국말 모른다매! 한국말 하잖니, 너! 이런 싸가지가 어디서! 니가 미국에서 얼마나 살다 왔는지 모르지만, 고따위[로] 한국 사람한테 사기를 쳐, 이 씨버럴 년. 내가 그랬어.

　　🔲 음.

그랬더니 미군이, 뭔 말인지도 모르고 와쮸쎄이[What did you say?] 와쮸쎄이! 낫-띵[nothing]! 너는 몰라도 돼. (웃음) 그런 싸가지가 있다니까. 클럽에서 땐스 추고 끗발 잘나갔던 애들 미국 가서 살다가 이혼허고 나오고. 그런 애들 많-아! 미국 가면 뭐, 어디 갈 데가 있어? 부대 안에 집이고, 어? 차가 있어서 돌아다녀? 뭐가 있어서. 답답하니까- 힘드니까 이혼하고 나온대.

　　🔲 제일 잘나갔던 언니들이 다 미국 가는 건가?

그렇지도 않아-. 제-일 못생긴 것들이 빨리 결혼해가지고. 나 송탄 부대서, 같이 한 클럽에서 일했거든? 근데 씨-발년이 수다깝을 떨잖아! 결혼했다구-! 그래서 야! 너 결혼했으면 했지, 니미 씨발 뭘 수다깝 떨고 지랄이야, 젖 같은 년. 내가 그랬어. 그랬더니 미국 가더니 얼마 못 살고 이혼하고 나왔어. 그래가지고 클럽에서 일하는

거야. 야! 너 그렇게 수다깝 떨고 잘난 척하더니 어째 이혼하고 나
왔냐! 그랬더니, 아-무 쏘리 안 해. 아이고, 클럽 생활하면, 개 좆또
못생긴 것들이 잘난 척은 드-럽게 한다이? 진짜 잘난 척은. 나는,
아가씨들 새로 들오지? 말 안 해! 헐 이야기가 있어야 하지. 그러고,
그 애들하고 이야기할 쌔가 없어. 테이불에 들어가기 땜에. 뭐 지나
내나 똑같은데 텃세하고 개씨발 수다깝 떠냐? 아이구. 어깨쭉게[어
깻죽지] 아퍼.

　　🔲 왜?
몰라! 빨래했더니 그래.

* * *

　　🔲 근데 왜 이모는 애기가 없었을까?
내가 안 낳았으니까 없지.
　　　　🔲 딴 이모들은, 어찌 됐든, 낳을 수밖에, 그니까 내가 낳고
　　　　싶어서 낳는 게 아니잖아, 낳을 수밖에 없게 되니까 낳
　　　　은…
아- 아니야! 그거는! 정신 상태가 틀려먹었기 땜에 한 거야. 나는,
나 같은 2세가 필요 없었어! 혼혈아 낳아서 뭐 할 건데-? 항상, 피
임약 갖고 다니면서 먹었지.
　　　　🔲 이모도 피임 계속했어?
그래. 그러니까 없지. 그, 정신 상태만 똑바로 백히면 왜 애를 낳냐
구-! 아이고, 지금은 아무것도 없는 게 제일 편하다.
　　　　🔲 (웃음) 우리 엄마가 늘 그 얘기하지. (웃음)
혼혈아 그까짓 거 낳아서 뭐 해-? 옛날에 그 시절에-.
　　　　🔲 옛날에 막 차별 심했어…

그-럼!

　　🔲 입양 보내고, 그치.

동두천에서, 그 티비 나오는 거 못 봤냐. 혼혈아 그, 노가다 일 허구. 아이구 씨발. 차라리 결혼해서 애비 따라가서 살면 몰라도! 그 이상은 애 낳을 필요가 없어! 가슴 아프게 그거 뭐! 뭐! 뭐 하러 그런 짓을 해. 내가 쪼끔만 노력허면 안 낳을 수 있는데.

　　🔲 그럼 이모 주변에는 애기 낳고 키우는 이모들이 없었어?

있었어!

　　🔲 그럼 그게 되게 불행해 보였어?

불행했지! 내가, 야! 애는 뭣 허러 낳았나? 뭐 천년만년 미군하고 살 것 같이, 애새끼 낳아가지고. 몰라, 지금은. 미군[은] 가고 오지도 않고. 미국에서 결혼해갖고 미국에서 살. 애새끼하고 걔는 여기서 살고. 클럽 생활 했어. 애를 위해서라도 미군 만나서 결혼해서 미국 들어간다고.

　　🔳 입양 보내는 사람들도 많이 있어요?

그렇지.

　　🔲 많지.

(기침) 지금은, 없는 게 편해. 무자식이 쌍-팔자야.

　　🔲🔳 (웃음)

　　🔲 우리 엄마같이 이야기해. 우린 딸이 다섯, 딸만 다섯이잖아. 없는 게 최고라구-.

딸만 다섯이라두 다 이쁘게 생겼잖어.

　　🔲 엄마 아빠가, 예쁘고 잘생겨서 다 예쁘고 잘생, 다 예뻐!

(기침)

　　🔲 그럼 뭐 해. (웃음) 무자식 상팔잔데. 맞는 거 같아.

저기, 언니들은 다 결혼?

　　　　🔲 응.

이쁘니까 다 낚어채갔지.

　　　　🔲 다 늦게 결혼했는데? (웃음) 다 결혼… 동생도 인제 결혼
　　　　　　하거든. 나 혼자다. 결혼 안 한 [건].

동생이 결혼해?

　　　　🔲 동생이 이제 스물여덟인데, 결혼해.

언-제?

　　　　🔲 11월에. 빨리 결혼한다구.

걔도 이쁠 거 아냐.

　　　　🔲 뭐, 사람이지 뭐. (웃음)

　　　　🔲 (웃음)

(웃음) 아니, 그러면 뭐 사람 아니냐… 니가 결혼해야 돼!

　　　　🔲 이모도 알잖아. 예쁘다고 결혼 빨리 하는 게 아니잖아.

그래. 알아. 사람들이 옛날에, 너는 이뻐서 진짜 결혼 빨리 헐 거라
고 했는데, 나는 주민등록 때문에[주민등록증이 없어서] 못 했어. 거
땜에 못 갔지. 결혼했으면 한 열 번도 더 했을 거다. 사-는 게 다 그
래! 휴-. 사람 사는 게 그렇지 뭐.

　　　　🔲 그래서 나도 동거를 해 보려고. 그냥 살림만 하는 거야.
　　　　　　혼인신고 안 하구.

남자는 있구?

　　　　🔲 아직은 없는데, 이제 생기면 하려고.

치. (웃음)

　　　　🔲 경험자의 입장에서 어떻게 생각해?

그래, 동거해 봤다가 맘에 안 들면 헤어지면 되는… 거지.

🅜 근데 이제 부모님들은 절대 용납이 안 되잖아.

안 돼도, 내가 우기면 하는 거야. 뭐 부모가 내 인생 살아주냐? 부모는 어렸을 때 낳아서 키워주고 입히고 내가 성장했으면 인자 떨어져 나오는 거야. 거기 까장이야. 부모는. 부모가 내 인생 살아주는 거 결코 아니야. 내 인생은 내가 만들어가면서 사는 거지.

＊ ＊ ＊

나한테 잘한 사람은 진짜야! 진-짜야! 나한테 잘한 사람은 진짜 잘돼! 그건 나도 모르겠어. 내가 잘돼야 되는데.

🅜 (웃음) 그치. 내가 우선인데.

(웃음) 나는 털털이야! 내가 신을 했어야[신내림을 받았어야] 했는데 안 했잖아! 안 허니까. 나한테 잘한 사람은 잘되는 거야, 뭐든지. 근데 난! 털털이야! (웃음)

🅜 🅖 (웃음)

🅜 슬프다.

비참허지. 돈 그렇게 다 날려버리고, 아이 씨발. 나! 1억 5천 그것만 있었으면 집 지어가지고 읎는, 버림받은 애[동물]들 다- 데려다 키웠을 거 아냐. 내 꿈은! 산-산쪼각이 나버린 거야. 그러니까 신을 잡았으면 그 돈이 안 날라갔어. 그리고 내 몸도 안 아프고.

애[누렁이], 요만했을 때… 피부병 있는 거. 데리고 오니까, 저런 거 데리고 왔다고-. 인제 개가지고[그래가지고] 주인이 알았어. 그래서 그담부터 안면 싹 바꿔버렸지! 부산까우[부산가구](상호명) 아줌마가 하는 말 있어. 나는 사람 가지고 얘기를 하면 이해를 허는데, 짐승 가지고 누가 뭐라고 하면 그거는 용납 안 해. 나는, 누구고 용납 안 해! 그때 누렁이 데리고 가는데 어떤 놈이 차를 딱 세우더니,

아우 되게 구수하게 생겼…. (큰 웃음)

　　回 헐!

그래갖고, 첫마디가! 에이 씨발놈아. (웃음) 요즘 세상이 달나라 가
는 세상인데 처먹을 게 없어서, 구수하다 그러냐 이 씨발놈이. 니
눈꾸덕에는 개로 보이지만 나한테는 애기야! 어디다 대고 고따우
소리를 하고 있어, 씨발놈이! 그랬더니, (웃음) 아유 미안해유 그러
고 차 몰고 가버리잖아.

＊＊＊

　　回 (웃음) 이모 이제 연애 안 하게?

30년이 다 돼 간다!

　　回 안 한 지?

그럼!

　　回 왜? 해-.

안 해!

　　回 해-! 죽을 때까지 연애해야지. 사랑하며 살아야지.

아이구 내가 밥 받아먹을 나이에, 어떤 놈 밥해주게 생겼어 내가,
지금?

　　回 아- 요즘은, 요즘은 안 그래! 요즘 또 다르니까.

요즘은, 남자 새끼들, 아이구.

　　回 얻어먹으려고 같이 사는 거지.

차라리 적게 먹고, 적게 쓰고 살지! 그, 드, 그런, 아이구, 그런 새끼
들하고, 내가 침대에서 같이 자? 아이구 드-러워.

　　回 ㄱ (웃음)

씨벌! 늙다리 새끼들!

ㅁㄱ (웃음)

나도 늙었지만!

ㅁ (웃으며) 싫어, 싫은 거야.

여자 늙은 거는 그래도, 뭐, 봐줄 만해.

ㅁ 그치, 그치.

남자 늙은 거는 냄새 풀풀, 아유 씨-발. 재수 없어!

ㅁ (웃음) 재수 없대.

ㄱ (웃음)

ㅁ 여자는 혼자 살 수 있는데, 남자는 힘든 거 같아.

누렁이 딸래미 자는 거 봐. 저녁엔, (웃음) 내 옆에서 기대고 자는 거야. 그럼 내가, 쫌 비켜- 이러면 언능 비켜. 여름에 이렇게 창문 열어놔도, 일-절 사람 보고 안 짖어. 아까, 내려오면서 얼굴 알잖아[민주 얼굴 아니까 짖잖아].

ㅁ 그러니까, 반가워서.

2017년 6월 4일

이날은 민주가 늦게 도착했다

개 짖는 소리

예쁜이는?

> ㄱ 아, 좀 늦으셔가지고-.

> ㅇ 한 30분 있다가 오신대요.

왜?

> ㅇ 좀 늦으신대요.

(복돌이, 누렁이에게) 시끄러! 시끄러. 뭐 하는데 늦어? 들어가.

> ㅇ 아이고-. 꽃 예뻐요-!

> ㄱ 앉자 앉자.

> ㅇ 누렁이 쉬-. 누렁이 쉬-.

> ㄱ 앉아야 얘네들 조용히 한다.

저번, 지난주에, 나 죽을 뻔했어.

> ㅇ 아프셨어요?

ㄱ 왜요? 어디 아프셨어요?

항문에서 피를 쏟고….

◉ 진짜요? 지난번에 치킨 드시고 싶다 하셔서 사왔는데…

아프셔서 어떡해요? 드실 수 있어요?

아이고, 이거.

◉ 후라이드 하나랑 강정 하나랑.

어디 가서 사왔어. 이 애는 왜 안 와. (누렁이에게) 하지 말어!

◉ 지난주에는 민주 작가님이 좀 아프셨던 거 같더라구요.

(머뭇거리다가 웃으면서) 그게 남자 땜에 그러지 뭐-!*

ㄱ (웃음)

◉ 그런 건가!

아니- 지랄헌다고. (웃음) 그 애가 다시 츄라이[try] 하자고 하면 언
능 해야지-. 그렇게 튕기…. (웃음)

ㄱ◉ (웃음)

(웃으며) 아니 튕긴다고 될 일… 그런 남자 없어! 진-짜 착해! 내가
진짜 아는 사람 있으면 소개해줄 정도로 착해-. 그리구- 남자 그만
하면 됐잖아. 잘생기구-.

ㄱ◉ (웃음)

근데, 이게 그렇게 애를 먹었는가 봐.

ㄱ 작가님… 이요?

어. 그게, 지 남자보다가[보고], 저기, 나 남자친구 있으니까 너도 다
른 여자 만나라고. 그래도 [남자는] 좋아서 다시 츄라이 하려고 그
렇게 노력했다 이거야-. 근데 그 애가, 이제는 (작게) 안 만난다고.

---

* 영미는 민주와의 전화를 통해 민주의 이별 소식을 알았다.

딱-! 싫다고. 딱 거절해뿌러.

***

그러니까 남자하고 헤져도 내가 다른 남자 만난다 그런 얘길 하질 말아야 돼. 미군한테도 그래, 미군한테도! 헤어져도! 그냥 너는 너, 나는 나, 그걸로 끝나버리지. 내가 딴 남자 만날 거니까 너 딴 여자 만나라 그런 말 안 해-! 우리가 다, 내가 옛날에 겪어 본 마무린데. (웃음) 그래가지고 나는, 내가 저 사람 아니면 죽고 못 살아, 그런 사랑을 안 해 봤어. 난 그래. 아이고 티비가 왜 안 나와! 티비도 안 틀고 있네. (웃음)

⊙ 그럼 미군이랑 연애도 하고 살림도 하셨는데 사랑은 안 하신 거예요?

응, 내가 열일곱 되던 해서부터 이태원에서 시작했는데 안 했어-! 사연이야 많지. 사연이야, 나같이 많은 사람도 없제.

⊓ 그때, 한, 1년? 쫓아다닌 사람, 되게 잘해주고 좋았다고 하시지 않았어요?

⊙ 맞아요, 첫정이라고 하셨던 분 있지 않았어요?

(모르겠다는 표정을 짓는다)

⊓ 그….

누구지?

⊓ 처음에, 한- 1년 동안 아무 소리도 안 하고, 그냥, 맨날 집에 데려다주고 되게 착했던 사람 있다고.

개새끼! 그거!

⊓⊙ (웃음)

몰라! 어떤 새끼여. 어떤 새끼인지. 하도 많으니까. (웃으며) 그때 그 시

절은 좋았지. 내가 42키로 나갔는데. 42키로, 38키로.

　　　◉ (놀라며) 흐억.

38키로, 그 정도 나가. 빼짝 말랐지. 살이 붙을래야 붙을 수가 없어. 밥은 3일에 한 번 먹을 둥 말 둥 하고. (술 마시는 손짓을 하며) 이것만. 나 술 먹어도 생-전 내색 안 해! 술 취하면, 그냥 테이블 어디 가서 자버리는 거야. (웃음) 그러면 미군은 지키고 앉았어. (웃음) 그랬어, 그러고… 내가- 11년을 살았어도 너 가, 끝내자, 너 갈 길 가고 나 갈 길 가자, 그걸로 끝내버린 거야. 그래갖고 [미군이] 2년 있다가 도로 왔어. 같이 살자고. 하이구 너는 쐴개[쓸개]도 없냐, 나는 내 문전 밖에 나가면 그걸로 끝이야, 그러니까 너는 너 갈 길 가, 그러고 두-번 다시 안 만났어! 11년을 살았는데도. 언젠가는 얘는 갈 애야, 갈 앤데, 내가 거기에 왜 매달려야 되는데? 기어나갔다가 저녁에 들오면 들어왔는가 보다. 나가면 나가는가 보다. 질투란 게 없어, 나는! 그러니까 미군이, 내 여자는 돈밖에 모른다구. 돈밖에 모르구, 질-투란 게 없다구! 내[나랑] 살림하는데도 고 앞에까장 기집애 태우고 와가지구, 옷 갈아입고 처기어나가고!

　　　ㄱ (놀라며) 히!

그런 거 관심 없어. 그르니깐 내가 혼자 살았잖아. 누구한테 이렇게 따뜻한 정을 주고 그른 게 없어. 냉정해! 클럽 생활 할 때 다 냉정하다구 [했어]. 한 번 노, 하면 그걸로 끝이야. 뒤도 안 돌아봐.

　　　◉ 울거나 한 적 없으신 거예요?

나는 남자에 대해서 울어 본 역사가 없어. 지!들이 울고 가지. (웃음) 지들이 울고. 엉엉 울고 공항으로 가면서. 미친 새끼들 울긴 왜 울어, 나 혼자 그러지. 옛날에는 미군들이 1년이었잖아. 한국에 나오면 1년 있다 살다 가고. 얼마나 보냈겠어? 내가! 그런데 어떤 여자들은, 너무너무 사랑해가지고 정신이상도 오고. 미군 가고 그- 쭉 쭉 빵빵 나가던 여자들이 길거리에서 자고. 길거리에서 쓰레기통 뒤지고. 이태원에, 송탄도 얼마나 많았는데! 아휴-. 그러니까 정을 주지를 말아야 돼, 미군들은. 한국 사람도 마찬가지야! 같이 결혼해 서 살 때 살더라도, 정은! 왜 줘-! 내가 어렸을 때, 빨리 좀 늙었으면 했어. 너무 피곤해서. 아이, 얘[민주]는 어-디 간 거야-!

＊＊＊

⊙ 이모 저번에, 주민등록증이 없어서 결혼 못 하셨다 했잖
아요.

어.

⊙ 그때 만들려고는 안 하셨어요?

두 번 돈 뜯겼잖아. 옛날에 돈 100만 원썩 두 번 뜯겼어.

⊙ (영미가 준 계란을 먹으며) 민증 등록하러 간 곳에서요?

아니-.

┒ 그 브로커 이런 사람….

오피써[officer]! 오피써 남자 이 씨발놈. 송탄, 그 새끼가 100만 원 든다 해갖고 100만 원 줬잖아. 그랬더니 그 개-새끼가 띠어먹고 날 라버렸잖아.

⊙ (놀라며) 두 번이나 같은 사람이요?

아니여, 다른 사람. 그러고부터는 하려고 하지도 안 했어.

⊙ 지금, 지금 있는 주민등록증 언제 만드셨어요?

여그 와서. 안정리. 안정리 온 지가 10년, 11년. 여기 이장한테 만들 었지. 60만 원 들었어.

⊙ (놀라며) 히! 비싸다.

내가, 몰라서- 돈을 60만 원 준 거야. 경찰서를 갔으면 돈 10원 한 장 안 들 거 아니야. 또 그거 만들고도, 인제 만들어줬으니까 돈 달라 이거야. 내가 돈 안 줘버렸어-!

◉ (웃음)

「 잘하셨어요.

그때는! 안 좋다 허지. 좋다 하든가 말든가, 안면 까-버렸지. 60만 원 들었는데 뭐.

「 그, 엄청 큰돈인데.

요 선풍기가 왜 글로 갔어.

◉ 이모, 햇살은 언제 만나셨어요?

여그 와가지고, 한 3년? 3년 돼가지고.

◉ 누가 알려준 거예요?

어-! 이 씨-발년이 주민등록이 있어야 간다고 그러는 거야, 햇살에 를-. 읎어도 가는데! 그 개 같은 년이!

◉ (웃음) 누구였어요?

(웃으며) 가끔 여기도 와! 그래가지고 주민등록 만들고 왔지. 그리고 가서 물어봤지. 주민등록 없이는 못 오[냐고], 씨-발.

◉ (웃음)

그년도, 서울 년인데, 엄마 아부지가 북한이야! 씨발년. 생긴 것도 똘똘이같이 생겨가지고. 칠푼이.

***

영원히 아싸리 딱 끝내버릴라면 튕겨도 돼. 그치만 내가 이만큼 튕기면 이 남자가 나한테 잘하겠지, 이거는 오바쎈쓰야.

◉ (웃음) 오바쎈쓰-?

잘못하다가는 아주 거버러[가버려].

　　ㄲ 음… 약간 그럴 수도 있어요.

남자들은 여자 생각허고 하늘과 땅 차이야. 말은, 항상 조심해야 돼.
남자들은 이 머릿속게[머릿속의] 그걸 컴퓨타처럼 생각해. 미국 사
람도 그래-!

중략

이런 생각을 하믄 맘이 편해져. 내가, 결혼할 때 하더라도? 만약을
위해서 이 사람하고 헤어지더라도 좋은 여자로 남아야 되겠구나,
그런 생각을 하믄, 편해! 맘이! 헤어져도. 남자들은 이 여자 저 여
자 만날 거 아냐. 아, 그래도 그 여자가 좋았었구나. 그걸 느끼게 해
줘야 돼. 말 한마디라도 조심하구. 이제 와서 울고불고 지랄하면 뭐
해! 뭔 지랄이야. 내가, 울-기는 개-뿔 났다고 우냐? 울지 마라잉.
운다고 그- 돌아와?

　　ㄲ 슬퍼….

　　◉ 진짜 슬프지 않나 이거.

대성통곡을 하고 울고 지랄해.

　　ㄲ 마음 아프다.

안 만난다 그런데. 대놓고. 사과도 하고 그랬는가 봐. 미안하다고 사
과도 하고 했는데. 안 먹히는가 봐. 그래, 남자들은 한번 돌아서면,
아니야. 여자가 버리면, 남자는 돌아와. 근데, 남자가 버리지? 그럼
끝난 거야. 미군도 그래-. 내가 버리지? 그럼 언젠가는, 와-. 근데
걔들이 끝내자 해서 끝나지? 뒤도 안 돌아봐. 아침에 헤어지고 저
녁때 보면 너 나 아니? 그래.

◉ (놀라며) 히!

미군들은 그래. 그러니까 나도, 너 나 아-니? [하는 거야.] 마찬가지지 뭐.

　　◉ 그래도 처음엔 그게 되게 기분 나쁘지 않았어요?

헤어지는 거? 아냐-!

　　◉ 처음에두요?

나 헤어지면, 한 이틀- 생각을 해. 이거하고 헤어지면 내가, 어떻게 해야 되겠다- 하고. 딱 결단 내리면 끝내부러. 그날 저녁에 나가면 또 딴 놈 있는데 뭐. 딴 놈 있는데 뭐- 그거한테 매달려? 절-대 안 매달려. 그럴 일이 없어 나는. 그렇게 냉정했어. 미군들이 나보고 눈보담도 더 차갑다고 했어. 난 남자하고 끝내버리면 깨-끗해. 깨끗하게 끝내버려. 내 앞에서 여자를 델고 다니고-. 별- 지랄을 다 해. 그래두? 관심 없어-. 한번 끝내버리면 그걸로 끝내버리는 거야.

　근데 이 애는 왜 지랄을, 그렇게 팅기고 지랄을 했는지 몰라, 참. 별꼴이야. 왜 팅기고 지랄해? 팅기기는 뭘 팅겨? 그러고 그 애 딱 단점이 뭐냐면 너 다른 여자 만나라, 나 딴 남자 만난다, 이게 잘못된 거야. 그 말을 몇 번 하더라니까. 그런 소리 할 필요가 없어, 끝나면 끝나는 거지, 뭐 딴 남자 만난다는 거 보고를 해? 그냥 내가 만나면 되는 거지. (웃음)

　　ㄱ◉ (웃음)

아이고 참말로 (웃음) 하이튼 어리다 어려-. 요즘엔 나 이것 봐.

TV에 드라마 〈군주〉가 나오고 있다

　　ㄱ 아, 이거 새로 하는. (잠시 침묵) 그… 11년 만난 사람, 나중에 2년 뒤에 돌아왔다고.

2년 뒤에, 씨, 뭐, 우리 방문 앞에도 못 오게 했어.

　　ㄱ 그 사람이 돈 가지고 튀었다는….

응, 돈 가지고 튀었어-!

　　ㄱ 근데 2년 뒤에 나타났어요? (웃음)

어, 찾아왔어. 다시 살자고. 이 씨-발놈 지랄하고 있네.

　　⊙ 돈 갚으러 왔다고 안 하고요?

너 이 새끼 스투폰[stupid] 새끼 아냐? 너, (잠시 침묵) 니 머리가 빠가
로[바보] 아냐?

　　⊙ 그때 얼마 갖고 튄 거였어요?

2만 불!

　　⊙ 2만 불.

　　ㄱ (놀라며) 허-!

　　⊙ 그게 우리나라 돈으로 하면 얼마쯤이죠?

　　ㄱ 2천만 원?

　　⊙ (놀라며) 2천만 원?

(라이터로 담뱃불 붙이며) 그거 갖다가 송탄에서 딴 여자들 다이아 반
지 해주구, 티비 사주구, 냉장고 사주구, 에이 씨-발로마. 내가 어-
떻게 모은 돈인데, 어? 개-새끼. 뒤졌는가 봐! 얼마 전에 3일을 꿈에
보이는 거 있지.

　　⊙ 3일… 뭐라 해요? 꿈에 나와서?

말 안 해-!

　　⊙ 그럼요?

그냥 이렇게 내가 길거리 가면 이렇게 쳐다보구? 뭔 말도 않고 그
냥 멍-하니 서 있고 그래.

　　ㄱ 진짜 무슨 일 있나 보다.

뒤졌는가 보지! 미국 사람들은 빨리 성장하고, 빨리 뒤져. 근데 내가 너무 오래 살았잖아. 가끔 생각이 나. 어떻게 생겼나 하고. 늙었겠지-! 이제 그놈도! (잠시 침묵) 나는 한국 사람하고 손도 안 만져봤어. 진짜. 내가 이태원에서 같이 일하던 여자, 오-빠, 셋이 가서 다방에서 커피 한 잔 먹자고 1년을 쫓아다녀서 내 아주 뒤질 뻔했어, 내가 아주. 1년을, 클럽 문 앞에 와서 기다리고. 아으, 그 새끼 아주, 진-짜 진짜 소름 끼쳐. 그래서 한국 남자는 더 안 새겼는지도 몰라. 질려갖고. 그래갖고 그 마장동 정신병원에다 집어넣었어. 집어넣어가지고 내가 한 2년 만에 그 애를 만났어. 그랬더니 자기 오빠 죽었다 하잖아.

　　　　ㄱ (놀라며) 허-!

(나지막이) 자살했대. 나 땜에 그 남자 죽었지, 또 미군 내가 결혼 안 한다고 하니까 총으로 쏴서 죽었지. 결혼헐라고 공항에를 이제 준비해갖고 오는데, 오피써한테 전화해가지고 오지 말라고 한 거야. 그길로 그냥 차 몰고 가가지고 총으로 쏴가지고 죽어버린 거야.

　　　　⊙ 그게 언제 일이에요?

그때- 서른일곱.

중략

(화내며) 아니, 이 애[민주]는!

　　　　ㄱ (웃으며) 좀 있으면 오실 거 같… 쪼끔만 있으면. (잠시 후에) 근데, 그래서 한국 남자가 무섭다고, 하셨잖아요.

어, 난 무서워-.

　　　　ㄱ 때리고 이런 거 막 뉴스 나오고.

어, 무서워. 그러고, 아우 씨, 그 방에서 살던 놈들은 다 변태 새낀가 봐. 거기서 그전에 이사 간 새끼가 얼-마나, 지랄을 헌 줄 아냐, 나한테? 그래갖고, 씨-발놈이 어디서 지랄이야, 이 또라이! 변!태 새끼가! 내가, 대-놓고 막 이야기했구, 그때 [그랬는데] 또 이사 온 새끼가 고따우 짓을 하고 있어, 씨-발놈. 욜로 지나다니면서, 개-새끼.

　　◉ 미군은 안 무서워요?

미군은 안 무서워! 미군은, 내가 미군을 잘 알잖아. (재떨이 냄비의 뚜껑을 닫으며) 미군은 안 무서워.

　　┓ 주변에, 나쁜 미군들은 막 때리고 그런 사람도 있잖아요, 여자 때리고.

(작은 목소리로 나지막이) 검은, 검은 새끼들이 그래-. 검은 새끼들이.

　　◉ 클럽에서요? 아니면 다른 살림?

(말이 끝나기 전에) 지네 집에서. 검은 새끼들이 그렇게 때리구 그러지, 백인들은 아유, 오히려 맞고 살어-.

　　┓ 여자한테요?

어-. 맞고 살어.

　　┓ 근데 그 백인 만나는 사람은 계속 [백인] 만나고, 흑인 만나는 사람은 계속 흑인 만나고 그랬어요?

그래! 그전에는 검은 애 색시 따로 있고, 검은 애 색시는 머리를 (힘주어) 빠-글빠-글 볶아. 그리고, 백인 애 머리는, 내가 원래 고수머리잖아. 맨날 요 드라이기로 펴-.

　　┓ 아, 펴고.

쌩머리.

　　◉ 클럽에서, 그렇게 하라고 하는 거예요? 머리 스타일?

아냐-.

⊙ 그냥, 자연스럽게.

응. (잠시 후에 하품하면서) 아유, 얘는 뭐 경당포[전당포] 갔나-?

　　ㄱ⊙ (웃음)

　　⊙ 이모, 지난번에 그, 1억 5천만 원 있으면은 하고 싶으신
　　　거 있다 하셨었잖아요.

개, 개, 집 지어가지고, 버려진 애들 키울라고.

　　⊙ 어-.

나 어제 그게 마지막이었나 봐, 씨-발. 새끼 낳은 고양인데, 새끼들
죽을 거 아니야. 어제 여 밥 먹으러 왔어. 그래서 밥 먹고 가라 하고
내가 비켜줬거든. 그랬는데, 세상에 온[오늘] 아침에 개 데리고 한
바쿠 도는데, 저 큰 행길에서 건너오다가, 죽었는가 봐. 세상에, 뒷
발이, 아주, 껍데기만 남았어. 그리고 창자, 다- 튀어나왔어. 내가
다리가 아프니까 묻어줄 순 없잖아. 행길에 그냥 있는 거야. 그래서
그냥 이렇게. 한 손으로 개 붙잡고 한 손으로 끌어다가, 거 한쪽에
다 이렇게 놔줬어.

　　ㄱ 마음 아프다….

그래갖고, 밥 생각이 아침에 없잖아-. 계란 그거 삶아가지고 하나
먹고는, 약 먹을라고. 아유 마음 아파. 아이, 마음 아퍼.

　　⊙ 그러면 돈 있으면 진짜, 버려진 개들이랑 고양이들이랑
　　　다 모아서 키우고 싶으신 거예요?

그치, 근데, 그 씨버럴년이, 나한테 사기 쳐버렸어. (기침) 내, 이렇게
돈 없을 때는 맘 아파, 내가 그 돈 있음, 그니까, 내가 신기가 있잖
아-.

　　ㄱ (잠시 후에) 그건 언제 아셨어요?

나는 열한 살 때 알았어! 열한 살 때 딴 사람하고 틀리다는 걸 알았

어. 나는 기신[귀신] 다 보잖아. 나 여그 와서도 몇 번 봤는데!

  ⊙ 그럼 진짜 꿈에 나온 그 미군 무슨 일 있나 봐요. 신기도
    있으시면.

어, 뒤-졌는갑지. 나[랑] 살던 미군들 죽으면 (거친 소리로) 꼬-혹 꿈
에 보인다? 그, 총으로 쏴서 죽었던 사람, 살림하고 있는데, 저녁에
잠을 자는데, 하-얀 모자에다가, 하얀 마후라를 입고 하얀 백구두
신구, 그리고 타악- 온 거 있지! 이름이 테우리거던. 어, 테우리 니
가 웬일이냐 하니까, 가만- 서서 보고 있는 거야. 그리고 그냥 가버
리는 거야. 그렇게 왔다 가더라고. 내가 미군하고 사니까 그냥 간
거지. 그래가지고, 하-. 그러니 내가, 신을 받아야 되는데 안 받잖
아. 그러니까 아주 알-거지 만들어놓는 거지. 신 있는 사람들은? 돈,
10원 한 장 안 들어와. 아프고. 나, 대수술 두 번 받았잖아! 장 터져
서 수술받았지, 그전에 여기 자궁 밖에 임신돼갖고, 터져버려갖고
수술받았지. 돈 다 날리고 다 때려 부어버렸지. 그래도, 내가, 안 허
거든. 나는 한번 안 할라믄 안 해!

  ⊙ 자궁외임신 됐을 때 수술받으신 거는 언제예요?

스물한 살 때. (잠시 후에) 어제, 햇살에서, 원장한테 전화가 왔어. 어
떤 교회에서 온다고, 그래서 뭐 먹을 거 준다고. 그래 나갔는데, 저
거 있잖아, 꽈배기-? 나 그런 거 안 먹거든. (웃음)

  ㄱ (웃음)

* * *

  ㄱ 여기 와서 귀신 진짜 보셨어요?

그럼, 봤어. 빈집에서. 나는 무섬을 안 타. 밤에, 빈집에, 고양이 밥
갖다주러 갔는데, 거기 미군, 거기서, 그 아가씨, 전깃줄로 목 졸라

갖고 죽었대.

ㄱ 미군이 아가씨를요?

어, 검은 애가. 그래갖고 요 부대에서 난리 났었대. 그리고 거 서른 살 먹은 여자가 이 층에서 목매서 죽고. 근데 그런 집을 밤 12시, 1시 가가지고 고양이 밥 주고 오는 거야. 클럽에 다니면서. 밥 주고 오면서 고양이보고 낼 아침에 오게- 인제 이거 먹고 가서 코- 슬립 해라이, 허고 이렇게 나올라고 하는데, 아이 씨발. (등 뒤를 손짓하며) 여기. 여기 와 서 있는 거야. 내 뒤에, 딱. 탁 돌아섰는데, 얼굴이 (손바닥을 코앞에 가져다 대며) 이렇게 마주쳤지. 갑자기 그러니까 얼마나! 놀랐겠냐 내가-. 뭐야, 아가씨 뭔데 이렇게 서 있어! 이러니까, 말을 않는 거야-! 뭔데 여기 이렇게 서 있냐구-, 못 보던 아가씬데! 그랬더니 암-말 않고 서 있는 거야. 근데, 요만한, 요만한 지갑이야. 옛-날에 나 스무 살, 스물하나 됐을 때 그 공단으로 만드는 거 있어. 그거를 이렇게 쥐고 있는 거야. 그거 보니까 아아, 사람이 아니구나 느꼈지. 그래서, 어? 아니, 사람이 이렇게 서 있으면, 놀래잖아! 발자국 소리도 없이-! [하면서] 야단을 좆-나게 쳐버렸지.

ㄱ ㅇ (웃음)

내가 약바[작은 바]에 있는 애 데려와서 어디서 일하는 여자애냐고 물어볼라고, 잠깐 서 있어! 어디 가지 말고! 그러고 한 발자국 두 발자국 딱 뜨고[떼고] 이렇게 돌아봤어. 온-데간-데없는 거야! 다- 찾아봐도, 없어! 그래서 약바에 가서 그 애 나오라고 해갖고 물어봤어. 그랬더니, (큰 소리로) 어머나! 하고 도망가버리잖아. 그래서 왜 지랄하고 도망가고 그래! 무섭잖아-! [하니까.] 사람이 아니니까 읎지, 이년은 하이튼 무서운지도 모르고 어? 그 빈집에를 쳐가고 지랄한다고, 지랄지랄하는 거야. 그러게나 말게나, 내가 너무 야단친

게 안돼가지고 무당 언니한테 물어봤어. ○○ 언니, 햇살에 오는 ○○ 언니한테 물어봤어. 그렇대, 거기서 그렇게 사람이 죽었대. 내가 많-이 야단쳐버렸는데, 놀래가지고, 그랬더니. 그러면 쏘주 한 병하고, 저기, 향하고 갖고 가서 따라놓고 미안하다고 하라고. 그래 가서 미안하다고 하고, 쏘주 한 잔 따라서 끼얹어놓고, 향 피워놓고 그렇게 왔지. 내가 너무 야단을 쳐버렸어. 그런 거 잘 봐, 난!

* * *

민주가 도착하고 다 함께 닭강정을 먹는다

> ⊡ 이모 잘 지내셨어요?
>
> ⊙ 이모 아프셨대요.
>
> ⊡ 아.

누렁이가 계속 뛰어다닌다

> ⊐ 아이고.

(누렁이에게) 아이 아퍼. 이러지 좀 마. (민주를 보고 웃음이 터진다)

> ⊙ 왜 웃어요. (웃음)

(계속 웃는다)

> ⊙ 왜 웃어요. (웃음) 이모 빵 터지셨어. (웃음)
>
> ⊐ (웃음) 이거 사진 찍고 싶다. (카메라를 꺼낸다)
>
> ⊡ 왜?

그냥 너 보니까 웃음이 나와서 그런다.

> ⊡ 이모 웃으면 안 되지, 울어야지.

(웃음)

> ⊙ (웃음) 이모 그렇게 웃으면 어떡해요.

야, 울 일이 뭐가 있냐.

　□ 난 울 일이 너무 많은데?

울어라, 그러면.

　□ 휴.

아유 핫팬티[핫팬츠] 입고 왔어, 오늘은? 아이고 잘했네.

　□ 더워, 더워.

응, 잘했어.

　□ 휴.

뭔- 지랄하고 이렇게 늦게 오냐-!

　□ 오늘 나 늦게까지 있을 거야. 저녁까지 있다가, 평택에 내
　　려갈 거야. 늦게 내려갈 거야.

치킨이나 먹자!

　□ 에혀- 그러자.

중략

　□ (카메라를 설치하며) 이모, 사람들한테 내 얘기했어?

뭔 이야기?

　□ (경빈, 은진에게) 들었어?

　ㄱ◐ (눈빛을 교환하고 웃는다)

　□ 들었어? 얘기했어?

니가 울었다고 했다!

　□ 그랬어? (크게) 에혀-.

울기는 왜 우냐?

　□ (잠시 후에) 울 수도 있지, 뭐.

Ⓞ 저도 작년에 장난 아니었어요.

응. (잠시 후에) 울면, 내 맘이 아퍼-.

Ⓜ (멜로디로) 울지 마-.

Ⓞ 뭐 그걸 몰라서 우는 것은 아니지만. (웃음)

Ⓜ 아혀.

Ⓞ 하지만- 또 내가 내 맘대로 되는 것은 아니라서-?

울 사람은 난데. (웃음을 터뜨린다)

Ⓞ 왜요-.

사는 게 이래서 울 사람은 난데. 엉뚱한 게 우니까 짜-증 나잖아.

Ⓜ 짜증 났어?

짜증 나는 게, (젓가락을 내려놓으며) 맘이 아픈 거지. 근데 남자 땜에 울지 마라이-. 절-대 남자들 땜에 울고 그러면 못써. 야! 복돌아!

Ⓖ 어디 갔지?

복돌이 봐라. 딱, 딴 데로 갔다.

* * *

Ⓞ 영미 이모, 그런데 지난번에 아이 가지기 싫어가지고 피
임약 계속 드셨다고 하셨잖아요. 근데도 그때 자궁외임
신 됐던 거였어요? 피임약 먹어도? 되게 크게 수술하셨
담서요.

응. (잠시 침묵) 5시에 얘네들 오줌 누게 나가.

Ⓜ 전에 나가, 이모. 이모 애들 산책시키는 동안 집 앞에서
기다리고 있을게.

(잠시 후에) 그래!

* * *

(서랍에서 사진 뭉치를 꺼내와 보여준다) 우리 개들.

◉ 다섯 마리가 아니었네요, 더 많았네. 여섯 마리였네.

나 송탄에서. 키친에서.

◉ 이쁘다.

ㄱ 우와.

뭐 음식 만드는 거야.

◉ 진짜.

머리 커트 쳤을 때.

▣ 말랐을 때. 진짜 말랐다.

이때는 그래도 살쪘을 때.

◉ 여섯 마리도 아니네. 우와 엄청 많아. 몇 마리 키우셨었어요?

몰라.

◉ 다 코카스파니엘이에요?

응.

◉ 이모, 이모 돈 안 뜯겼으면은 이런 시설 만들겠다고 한 게 이해가 됐어요. 이거 보고.

▣ 유기견 유기묘 다 데리고 와서.

송탄에서 (사진 끄트머리에 찍힌 팔뚝을 가리키며) 이거, 이게 미군이야.

◉ 이 팔?

(차례로 가리키며) 그리고 미군 친구 여자, 나. 송탄에서 뭐 파는 데서 사먹는 거. (웃음) 뭐 사먹는 거야. 에휴.

◉ 족발이에요? 족발? 이건 잡채인가?

그년은 닭발을 그렇게 처먹어. 이것 좀 봐. 우리 개 이렇게 많이 키웠어.

┓ 이건 써빙 하실 때예요?

⊙ 웨이트리스 하실 때?

응. 여기 계장이, 미군이 밥풀 줏어 먹게 생겼다 했어. 그렇게 깨끗했어. 가만있어 봐, 사진 줄라 하는데.

▣ 갖다가 스캔 하고 줄게, 이모. 난 옛날 거만 있으면 돼.

⊙ 인물 사진들만 가져가실 거죠?

▣ 아뇨, 일단 다요.

(사진 보여주며) 이태원에, 보광동에, 클럽에서 내가 살던 데로 개 안고 오는 거야. 이게 내가 살던 집.

┓ 와, 되게 좋네요.

마루, 마루에서 찍는 거야. 이거 봐. 결혼할라고, [했는데] 주민등록 없어서 못 했잖아. 여권 사진 다 찍어놓고도 못 했잖아.

⊙ 이거[잘린 사진]는 왜 이렇게 됐어요?

잘라부렀어.

⊙ 미군이요?

▣ 내가 그 맘 알지.

(몇몇 사진들을 민주에게 건네며) 자. 여. 가져간다며 사진.

▣ (나머지 사진 뭉치도 가리키며) 이건데. 스캔만 하고 가져다
　　줄게, 이모.

뭣 할라고 이 사진들 다?

▣ 이모 산 거를 기록해야지.

(잠시 후에) 미군 사진은 빼부러.

▣ 껴, 이모. 아무한테도 안 보여줄게, 이모.

으흠, 흠. 이건 빼부러.

▣ 왜- 아무도 안 보여줄게.

아, (헛기침하며) 크흠.

　　◉ 이거는 왜 잘랐어요, 누렁인데?

누렁이 아냐. 옛날에 키우던 소아마비 개. 이런 거는 가져가도 괜찮은데…. (다른 사진을 보여주며) 미군하고 헤어지고 클럽에 가서 혼자 술 마시는 거야.

　　▣ 이거 다 필요한데, 이모.

아냐. 이건 빼부러.

　　▣ 왜. 안 이뻐서? 이쁜 것만 기록할 거야?

개는 뭐 허러.

　　▣ 개도 줘.

그러면.

　　◉ 이쁜데. 이거.

아, 아, 아냐. 이건.

　　▣ 이것도.

응, 그것만 가져가. 딱.

⟨울긴 왜 울어⟩ 00:02:28, 2018

매일 화나 있는 영미 이모,
매일 신난 누렁이

마구잡이로 구성된 이미지와 소리들이 난무한다.
영미의 집에서 계속 들리던 종편 채널의 북핵 뉴스,
대화하는 사람들 사이를 오갔던 누렁이 꼬리 이미
지, 욕을 하는 영미의 입과 욕설 소리가 장난스럽게
앵앵거리는 BGM과 어우러지면서 구술 상황을 재
해석해 보여준다.

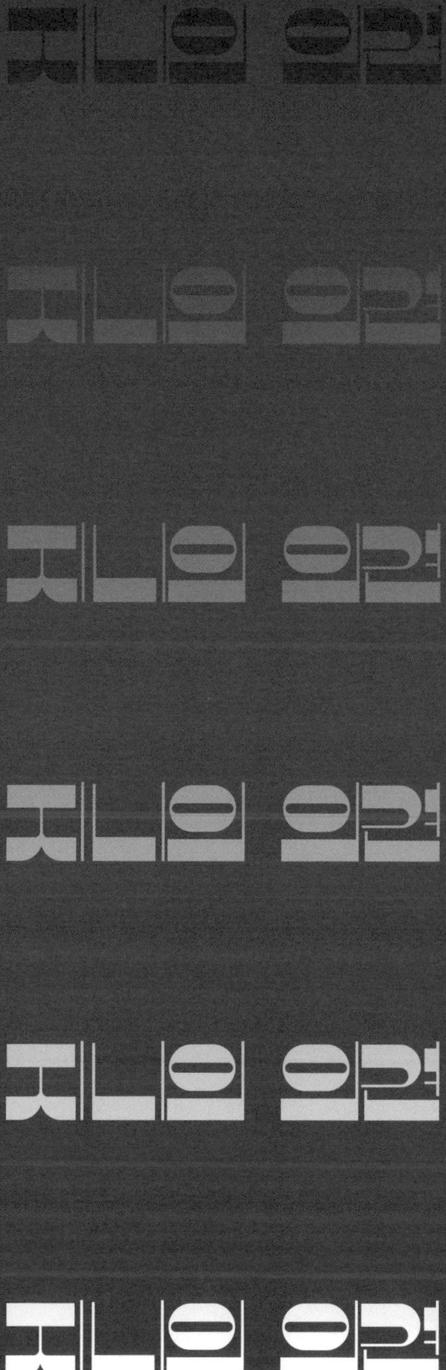

🅜 우리는, 여태껏 이모한테 했던 그런 질문들 있잖아. 방송
국이든, 햇살이든, 아님 변호사들이든, 여하튼, 그 질문과
는 또 좀 다를 것 같아. 그래서 다른 얘기를 들어 보고 그
거를 모아 보면 어떨까 하는 생각이 들어가지구. 그걸 한
번 해 보려는 거야.

그래갖고 아까 나 보고 싶다 했구만.

🅜 응. 그래서 예전부터 계속 보고 싶다 그랬죠, 그래서. (큰
웃음)

🅖 (웃음)

(웃으며) 어- 그래. 나, 그때마다, 일요일마다, 내 동생 집 가 있었지.

🅖 🅞 (웃음)

🅜 아, 어어. 근데 나는 이모가 좋으니까 사실. 뭐 다른 할머
니, 이모들 되게 많잖아요?

응응.

🅜 많이 계시는데, 나는 이모가 조, 좋아서. 이모가 되게 사람

편하게 (웃음) 해주고- 말도 되게 재밌게 해주시고. 그냥

좋아서, 이모랑 매주 만나는 것도, 2주에 한 번씩 만나는

것도…

(박카스를 가리키며) 이걸 마셔- 까서 먹어 봐, 하나!

◉ 네. 마시고 있어요.

▣ 과자 맛있네, 이거. 블루베리 맛 나.

아 그래? 몰라, 난. 저, 저기, 저거는 또.

▣ 산딸기 같은데, 산딸기.

◪ 라즈베리….

(무심한 목소리로) 몰라, 내 동생이 사왔어.

◉ 맞네, 라즈베리라 적혀 있네요.

▣ 그래서 그냥 고런 걸 한번 해 보면 어떨까요? (잠시 침묵)

어…. 모르겠어. 이모가 얘길 하면서 불편할 수도 있고 힘

들 수도 있으면, 안- 해도 돼요. (웃으며) 깔끔하게, 하기

싫은 얘기는 안 해도 돼. 응. 하고 싶은 얘기만 하면 되고.

난 젊을 때로 되로, 되돌아가고 싶었어.

▣ 어! 그런 얘기도 좋아. 너무 좋아, 너무 좋아.

◪ 그런 얘기.

그럼 이렇게 되지도 않았을 거고.

▣ 응! 사실 그런 얘기를 우리는 더 들어야 되고, 우리 사회

에서 더 들어줘야 된다고 생각을 하거든요? 으-음 모르

겠어, 내 생각엔 그래요. 그래서…

몰라 난 미국 사람하고 결혼했다고, 쯧, 미국 갔다가 한국에 내르놨

지만[내려왔지만], 쯧, 미국 사람하고 결혼한다? 그-지들하고 결혼

해. 그-지들. 군대 나온 애들 다- 그-지여. 하나같이 집안이 다 그

지들이여.

　　囯 그 당시는 그랬죠. 맞아.

응, 70년도 당시에는? 나도 진짜 뭐 우리 집처럼 삼층집이구, 이층
집이구, 실내화 빨간 장미 있는 거 신구 탁- 탁, 올라갈 줄 알았지
집이-. 우리가 거기서 이 층에 산다니까, 실내화 피엑스[PX]서 사가
지고 갔더니 신을 데가 없어! 흙바닥이니까!

　　囯 (웃음) 이모네 집 더 잘사는데. (웃음)

어! 난 그래서 어… 이게 미국인가 하고. 첫날 가서 얼마나 눈물 흘
렸는지 몰라, 달을 쳐다보고 진짜. 화장실도 없고, 샤워도 없고. (잠
시 침묵) 내가 그래서 버지니아라는[라면], 죽어도 안 간다 그랬더니.

　　囯 이모 젊었을 때 진-짜 예뻤었는데. 진-짜. 젊었을 때 사진
　　　　못 보셨죠?

　　◉ 응, 저 못 봤어요.

　　囯 방송에서도 많이 나왔는데. 이모 젊었을 때 사진, 진-짜
　　　　인형같이 생겼어, 눈 이따만 하구, 인형같이 생겼구, (작
　　　　게) 고생을 너무 많이 했네.

　　◉ (웃음)

난 이 나쁜 약에 취해서 그렇지 뭐, 약! 그러니깐 속이 안 좋은 거지.
이런 걸 안 배웠으면은….

　　囯 요즘 안 드시잖아요. 가끔 하세요?

약은 안 먹지! 끊은 지 벌써 20년이 넘었는데. 순- 몸이 아프니까
약을 먹지.

　　囯 딴 약을-.

옛날엔 그런 것도 모르고 그냥 막 무턱대고 먹었구.

　　囯 으응. (잠시 침묵) 그래서 이모, 한번 생각을 해주세요. 어

떤, 어떨, 어떨지-.▼

뭐뭐, 뭐-에 쓸 건데, 대충. 왜. 왜 만들어.

　　ㄱ 그냥-.

　　ㅁ 사는 얘기.

　　◉ 어떻게 살았고 어떻게 사나.

인생을 어떻게 살아왔나.

　　ㅁ 응응. 위인전은 이름이 있고 뭔가 대단한 일을 한 사람,
　　그게 글로 만들어지는 거잖아. 내가 봤을 때 대단한 일을
　　했다고 썼으니까 위인전이 되는 건데. 우리는 이모를 그
　　런 측면으로 보는 거지.

어디, 한마디로 쉽게 말하면 안정리 어디에, 누구 누가 살았는데,
이 사람은 옛날에 이렇게 되고 이렇게 이렇게 이렇게 했다.

　　ㅁ 어, 그렇게 생각해도 될 거 같아.

그런 말이지? 그런 걸로 해서 한 페이지 두 페이지, 한 몇 페이지를
써내려간다 이 뜻이잖아.

　　ㅁ 그러니까 기지촌, 위안부, 이런 게 주가 되는 게 아니라
　　이모 말대로, 안정리 어디에 살고 있는 지니…

　　◉ 지니라는 사람.

　　ㅁ 어, 그거에 대한 얘긴 거야, 우리는. 그게 더 중요한 거야.

그 사람은 세상을 이러 이렇게 살아왔더라-. 어?

　　ㅁ 어, 살고 있더라-가 더 사실 중요[한 건데]. 과거의 얘기도
　　좋지만, 이제 이모가 어떻게 살고 있고, 어떻게 살 건가도
　　궁금한 거지. 옛날 얘기는 사실 우리 많이 들었잖아.

그렇지.

원고번호 60

진 술 서

이   름 : 김
주민번호 : 51
주   소 : 평택시

저는 1951년에 서울에서 태어나서 서울에서 자랐습니다. 15살에 친구들과 이태원에
클럽에 자주 놀러 다녔습니다.

그러던 중 일자리를 소개해 준다는 사람을 따라 파주 법원리에 가게 되었습니다.

너무 무서워서 도망가려고 했지만 주인 아줌마한테 잡혀서 폭행당하고 그 이후로는
함께 일하는 동료들이 서로 감시를 해서 도망갈 엄두도 못냈습니다. 그리고 성매매를
강요했습니다. 맞지 않으려면 어쩔수 없었습니다. 그리고 화대도 한 푼도 주지 않고
쓰지도 않았는데 빚만 늘어났습니다.

그리고 안 무섭고 피곤치 지지 않은 약이라면서 주인아줌마가 이침, 점심, 저녁 하루
에 세 번 약을 나누어 주고 새벽까지 일을 하면 한번 더 먹으라고 먹으라고 했습니
다. 돌이켜 생각해 보면 금,토일 삼일은 잠도 못자고 아침까지 일을 했고 약을 80알
정도 먹었던 것으로 기억합니다. 그 약을 먹으면 몽롱해서 아무것도 느끼지 못하고
머리가 아팠습니다. 나중에 알고보니 유타리돈이라는 약이었습니다. 이 약을 먹으면
정신이 하나도 없고 아픈줄도 모르고 계속 술취한 상태처럼 멍한 상태가 유지됩니
다. 이 약은 주인이 서울 종로상가 약국에서 사온다고 했습니다.

그리고 1967년 12월경 미성년자 였던 나를 한국 경찰과 발에 십자가를 그려놓은 옷
을 입은 병원부대 미군이 잡아가지고 파주 법원리 사거리에 있는 보건소에서 검진을
받게 하고 그 후 무슨 병이 있다고 가비비 잠기고 산에 있는 수용소에 5일간 감금시
켰습니다. 나는 아직도 그때의 충격으로 나를 잡아간 사람들의 이름을 잊지 않았습
니다. 한국경찰 이름은 박수철이고 병원부대 미군이름은 데이비스입니다. 당시 16살이었던
나는 너무 무서웠다는 기억이 아직도 생생히 있습니다. 그 곳은 감옥처럼 방문과 창
문을 철조망으로 막아놓고 나를 감금했고 의사들이 방으로 들어와서 606호 주사를
놔주고 약을 줬습니다. 같이 있던 언니들 중에서 부작용으로 쇼크가 생기는 것을 보
니까 너무 무서웠습니다.

그러던 중 미군을 만나 국제결혼을 하게 되어 빚을 갚고 미국으로 가서 아들을 낳고
살다 이혼하고 1973년 송탄으로 오게 되었습니다.

갑 제131-5호증

송탄도 하루에 3번정도 포주가 30-40알 정도의 약(옥타리돈)을 먹으라고 했고, 검진
패스 때문에 경찰이 단속을 나올때면 포주에게 기르쳐 주고 니에게는 송이 있으라고
해서 검진을 받진 않았습니다.) 일 년 가량 일하고 1974년에 팽성 안정리로 팔려 왔
습니다.

안정리에서는 일을 못하면 밥도 안주고 패고 용이 아파도 성매매를 해야 했습니다.
그리고 하루에 5번 80알-100알 가량의 약을 주고 먹지 않으면 폭행을 일삼았습니다.
방을 다 뒤져서 약이 한 알 이라도 나오면 그 날은 호스 같은 걸로 주인아저씨가 감
금한 상태로 폭행하고 밥도 주지 않았습니다. 약을 계속 먹고 정신 없는 상태에서 하
루에 미군을 50-60까지 상대한 적도 많았습니다. 이런 생활을 2000년도 까지 했습니
다. 그리고 돈을 벌지 못하는 사람은 밥도 주지 않고 돈을 벌지 못한다고 매일 폭행
했습니다. 주변에 이렇게 폭행당한 언니들이 많이 있었습니다. 그래서 나는 무서워서
하라는대로 약도 먹고 하라는대로 다 했습니다. 그리고 더 중요한건 안정리 포주집에
서 일하는 사람들은 검진패스가 없어도 포주가 어떻게 했는지 다 알아서 처리했고 경
찰하고 미군mp하고 같이 와도 뭐라고 얘기만 하고 돌아가는걸 많이 봤습니다.
그리고 너무 무서운 건 성병에 걸렸는지 아닌지 확인도 안한 채 포주가 주사약을 사
다가 직접 주인이 우리한테 일주일에 두 번씩 주사도 놔줬습니다. 어떤 약이냐고 물
어보면 성병에 걸리지 말라는 악이라고 만 했습니다. 부작용이 있는지 없는지도 항상
약에 취해 있어서 알 리가 없었습니다. 이렇게 힘들게 지냈지만 나에게 돌아오는 화
대는 전부 포주에게 빼앗기고 웃돈으로 쓰라면 푼돈을 주는게 전부였습니다. 지
금 생각하면 너무 억울합니다.

***

딴 언니들은 뭐 우리가 외화를 많이 벌어들여서, 우리는 뭐 애국, (퉁명스러운 말투로) 애국자는 무슨 애국자여.

ㅁㄱⓘ (웃음)

무슨 말도 안 되는 소리 하고 있어-. 애국자는 무슨 애국자야-? 말 되는 소리를 해야지, 솔직히 말해. 지 좋아서 지가 나와서 다 그렇게 된 거. 안 그래?

ㄱ (어색한 웃음)

일본 위안부, 위안부들하고 우리하고는 (크게) 천!지 차이여. 하늘과 땅이지-. 그 사람들은 끌려간 거구-.▼ 우리는, 자발적으로. 누가 뭐 너보고 이거 해라면 했겠냐? 내 좋아서 하는 거지, 이거는?

ㅁ 빨리 은진 씨, 얘기해줘. 왜 우리가 위안부와 같이 갈 수밖에 없는지, 빨리, 설명해주세요.

ⓘ (웃음)

ㄱ 니도 그렇게 생각하는 거가. (웃음)

ⓘ (웃음) 그게…

아! 똑같진 않지! 안 똑같지!

ⓘ 당연히 뭐, 아예 똑같지는 않지만 그래도….

ㅁ 이모는 이모가 일본군 위안부랑 아주 다르다고 생각해?

아주 다르지, 그럼.

ㅁ 어-. 근데 지금 이모를 도와주고 계시는 분들은 같다고 생각하잖아.

(숨을 내쉬며) 같긴 또. 야, 걔네들이 그럼 우리 잡아끌고 갔냐?

ㅁ (잠시 후에) 에이-.

일본은 잡아끌고 갔으니까 할 수 없었지. 어쩔- 수가 그 사람들은 없던 거고. 이건 우리가 자발-적으로 그렇게 된 거 아니야. 야, 누가 잡아끌어서 야, 너 색시 해라, 그랬냐?

　　　ⓜ (웃음)

걔네들은 너 일본 가라, 가, [하고] 잡아가지고 가서, 할 수 없이 울면서 했을 거 아니야. 솔직히 말해서 우리는 다 자발적으로, 나왔을 거 아니야.

　　　ⓜ 아, 이모, 법원에선 그런 얘기하면 안 되는 거 알지.

　　　ⓘ (웃음)

법원에 가서 그런 소리 하면 안 된다고.

　　　ⓜ 어, 절대 안 돼-. 절대 안 돼.

　　　ⓘ (웃음)

그렇지만 우리는-.

　　　ⓜ 다르다고 생각해, 그럼 이모?

그럼- 다르지, 얘는.

　　　ⓜ 근데 그 사회에서 어쩔 수 없는 선택을 했던 거잖아. 먹고
　　　　　살려면 그런 거밖에 할 수 없었던, 시절이 있었잖아.

(잠시 후에) 아, 그런 언니들도 있었거니와.

　　　ⓜ 그치, 그치, 그치!

(큰 소리로) 집이 싫어서 뛰쳐나온 언니도 있었을 수도 있었거니와!

　　　ⓜ 어, 어.

(큰 소리로) 어쩌다 보니 꾐에 거기 가 보자 하니까 따라갔다가 그렇게 됐고!

그래도 인제 뭐, 그 시대에 뭐뭐뭐 딸-라 벌어들였다는 거, 우리나

라 못살 때-. 그거 한 가지, 딱 한 가지 잘한 거. 모르겠다- 나는, 나는 잘 모르갔어.

> ⊙ 그리고 그만두고 싶을 때 마음껏 그만두기 어렵게, 그 안에서 빠져나가기 어렵게 만든 것도, 이제 다 법적으로 강제라고 하니까요-. 국제법도 그렇고 그래서….

그래, 도망은 못 가게 했어. 지키고 그랬어-. 그건 그랬는데. 아무리 지키고 그런대도 지가 빠져나오려면. 그때는 뭐 어리석고 또 요런 약에 취했으니까, 정신이 흐리멍덩-하잖아. 이게 뭐 꽃이 먼전지, 이파리가 먼저 올라오는지도 몰랐어, 진짜로. 그런 세월을, 나는 진짜 허송세월을 그렇게 보내서….

> ㄱ 그래서, 그럼, 그냥 이렇게 오늘 말씀하신 것처럼, 생각하시는 거? 지, 지금 생각…

생각이 없지! 그때는!

> ㅁ ⊙ (웃음)

> ㄱ (다급하게) 오늘, 오늘 생각을 말씀하신 거잖아요. 지금 생각하는 거를. 그런 거 그냥 말씀하시면…. (웃음)

왜- 그런 거를, 쓥, 내가 왜 집을 나가서 그런 데 갔는지. 그때는 한-참 60년대, 이때는 저기, 드라-마 센터 가면은, 영화 조조할인해갓고 15원이면, 저녁때까지 봤거든!

> ㄱ 어-. (웃음)

(웃으며) 그 순- 여학생들 남학생들 순- 거기야. (웃음)

> ㅁ ㄱ ⊙ (웃음)

(웃으며) 학생 애들 들어오는 거야! 드라마 센터에! 15원 내고 아침에 가면은 인제, 학교 끝날 때까지 앉아서 세 편을 연달아 보잖아! 미국영화들 많!이 했어, 그때는!▼

〈대장 브리바〉, 〈벤허〉, 뭐 많이 봤지-. 순 외국영화를 많이 봤으니. 7인의 탈출이던가 하이튼. 그런 거… 뭐, 그 외국영환 거의 다 봤어-.

　　　┒ 그때 그걸 보고, 미국이 좋다? 이렇게 생각했다고 하셨잖아요. 그 영화들의 어떤 게 좋았는지?

〈대장 브리바〉에서는 율 브리너 나왔을 때, 그 율 브리너 나오면 너무 멋있었고.

　　　┒ (웃음)

그다음 〈더 영 원스〉, 저 춤추고 그러는 거. 서머, 써머 할러데이[〈썸머 홀리데이〉] 뭐 그런 거-. 그리고 수잔나… 수잔나, 하이튼 영화 많이 봤어.

중략

막 카우보이들이 (멜로디를 부르며) 따단 따다단 딴 딴 딴! 할 때 확- 말 타고-. 사막에서 이렇게 걸어, 응? 그런 장면들-. 고담에 또 이제 〈더 영 원스〉 부른 애가 클리프 리차드, 영국 배우. 걔 바닷가에서 막 노는 것들 그런 거 보니까 너무 멋있어! (잠시 후에) 그래서 그런 데 한번 살아도 좋다-. 그렇게 생각했지. 그 영화에만 그냥 푹 빠졌지.

뭐 클리프 리차드 나오는 거, 엘비스 프레쓰리 나오는 거, 그런 영화를 많이 보니 너-무 미국 사람이 좋은 거여!

　　　🅜🅞 음-.

　　　🅜 (웃음)

(웃으며) 그래갖고, 내 친구[가], 야, 우리 저기 가면 미군 부대가 있다더라. 우리 한번 거 가 보자 [하니까] 그냥 집 나와갖구… 그때도 남자친구 있었지-. 나는 그때 중2구 개는 중3이었나 그래.

　　◉ (웃음)

　　▣ (웃으며) 연상 만났네, 이모.

응. 개는, 집이 좀 가난했어. 고등공민학교 다녔어, 옛날에. 수도고등공민학교 다니고. 나는 ▉ 다니다가 인제, 우리끼리 만나, 여자 셋, 남자 셋. 지호[가명], 정환[가명]이, 승호[가명], 남자 셋!

　　◉ (놀라며) 오! 이름도 기억하고 계셔. (웃음)

그때까지 이렇게 여섯이, 여섯 명이 만나갖고 놀고 그랬거든. 그때 집만 안 나왔어도, 또 이런 데 한번 발이 빠져 보니까, 그런 데가 좋지, 집이 싫더라구-. 붙들려서 도로 집에 갔는데두, 자꾸 거기 생각만 나. 막- 눈앞에 언니들이 헬로- 하고 그러던 어? 너무 호화로운 불빛에-. 그런 생각밖에 안 나더라고, 난.

　　▣ 음… 그랬을 것 같아.

너무 멋있었어. 언니들 막, 빨-간 불에, 어우… 그리고 난 그 언-니들이 참 부러웠댔어, 옛날에는! 나는 미군 상대하기만 하면 막- 아파 죽겠는데. 나이가 너무 어렸으니까.

　　▣ 응, 응.

미군들하고 장난치면 괜찮은데, 그런 거 할라고 하면 막, 도망 다니고 그랬댔어. 그러다 어떻게 68년? 거의 69년도에 오빠한테 붙들려왔다가, 또 나갔지. 또 나가니 이제 집에서 못 나가게 하는 거야. 감시하는데 그때 내 막냇동생이 일곱 살이었나 그래. 그 삼립식빵 처음 나왔을 때다.

　　ㄱ◉ (웃음)

10원짜리 삼립식빵! 내가, 저기, 삼립식빵 사서 후-딱 갖다줄게, 언니 그리고 영 안 왔어! (웃음기 있는 목소리로) 그 지랄해, 내 막냇동생이 지금도 나한테-. 언니가 다-시 집에 안 왔대. 그리고 나왔거든. 그니까 나는, 쓸, 몰라, 집 안 나오고 그냥 그대로 아버지 말 듣구-, 집 안 뛰쳐나와 공부 열심히 했으면은, 쯧, 좋은 남자 만나서, 애도 낳고 잘 살았겠지-. 어떤 때는 또 후회도 되고. 쯧. 과거를 생각하면 후회가 많이 되지. 근데 그거는 뭐 돌릴 수도 없고. 내-가 좋아서 뭐 그렇게 한 거-. 쯧. 지금은, 나는! 윤향기 말마따나 난 행복합니다, 그거야.

　　🔲 응.

지금은 행복해! 그냥 내가 필요한 거 손에 있구, 내가 쓰고 싶음 쓰구, 형제들도 쪼금 도와주니까-. 또 이렇게 혼자 사니까, 나라에서 이제 한 달에 그래도 한 50만 원 돈, 주니까, 그거라도.

　　🔘 영화 속의 미국이 왜 그렇게 좋으셨던 거 같아요?

나는 미국이, 그렇게 뭐 시골…

　　🔘 아, 도시, 도시만!

도시만 생각했지, 서울처럼. 우리 집이, 우리 집이 저기 서울대학교 밑에 그 ▇▇ 마을 있그든? 옛날 그 ▇▇ ▇▇! 거기 있었댔어. 그리고 60년대에는 ▇▇ 이 저게, ▇▇ 저게, 어 ▇▇ 지. 거기 집이 있었구. 그러다 고담에 아버지가 ▇▇ 거기서 오 층짜리 여관 했고? 70년도 넘어가선 저기 ▇▇▇ ▇▇ ▇▇▇ 마을 거기 새로 생겨났어. 그래서 그리로 이사 가갖고 집이 좋았지. 얘도 미국 자기 집이 그렇다[고 하]니까. 그리고 또 임신했어-.

　　🔲 음-. (웃음) 가겠네, 가야겠네. 어떡해.

그래서 결혼하자 해서 그냥, 그냥 한 거여. 그거지 뭐, 딴 건 없어-.

다이아 반지 하나 사준다니까 좋아서 끼고 싶구?

　　ㄱⓘ (웃음)

　　ⓜ 그때 몇 살이었어, 이모?

그때가 스무 살.

　　ⓜ 하- 어우-!

　　ⓘ 아- 진짜. (웃음)

70년도 2월 12일이다. 그때 잊지도 않네. 〈선데이 서울〉에서! 옛 님과 만나는 뜨거운 날이래. 내 친구 혜연[가명]이가 우리 집에 놀러 왔는데, 그땐 아부지가 인제 아무 데도 못 가게 꼼짝 말게 하고 감시하니까 못 나갔거든? 그랬는데 혜연이가 왔더라고. 그래서 아부지 저게 삼각지에 영문 타이프 배우는 데가 많-아! [했지]. 영문 편지 쓰는 데가. (코를 훌쩍인다) 그래 거기 가면 인제 삼양 오피스라고 있어. 거기 가서 영문 타이프 배운다고 나가서, 괜히 그 길가[에] 서 있는 거야! 미8군 앞에-!

　　ⓜ 음.

양놈들 지나가다가 막 말 시키면은 좋아갖구! 크럽[club]에 놀러 가자면 오케- 하고 따라 들어가고 그랬단 말이야. 그랬다 집에 들어오면 우리 아부지가 너 몇 시에 들어왔냐 하면, 아부지 9시 전에 들어왔는데? 아, 아부지 자던데? 그래, 거짓말로. 나 뒷문으로 들어왔는데? 그럼 우리 아버지가 쏙아 넘어가주고, 쏙아 넘어가주고. 밤은 새진 않았지, 그래두 늦게 들어오지 집에. 그러다가- 그 미군하고 관계를 핸 게 애기가 됐나 봐.

　　ⓜ 음.

마침 혜연이가 우리 집에 놀러 왔더라구. 그래서 내가, 야, 왜 개역질[구역질] 난다 그러니까, 개가, 야, 너 임신했나 봐-! 그래서 내가,

어머 참, 나 정말 그런가 봐, 생리가 안 했다- 두 달. 그러니까, 어머야 그럼 너 애기 뱄다, 우리 가자! 그래갖고 또 53부대로 간 거야. 송탄 부대야, 그게! 그 미군이 송탄 부대에 있었어. 그래서 걔 정문에서 만나서 그냥 결혼하자 해서 그날로 결혼핸 거여.▼

그, 우리 남편도 잘생겼댔지. 꼭 엘비스 프레쓰리 같지 좀.
　　┓ 오.
거의 비슷했댔어 진짜. 그랬는데 [미국] 갔더니 아니올시다야.
　　┓ 가기 전에는 그냥 괜찮았, 좋았어요?
좋았지-. 잘생기고, 또 나 결혼반지, 다이아 반지도 젤 비싼 거 해주고 그래서. 그랬더니, 갔드니 아니야.
　　┓ 어떤 다른- 이모들, 글 이런 거 보니까 결혼하기 전에 미
　　　군 부대에서 미국에 대해서 공부도 시키고 이런 게 있었
　　　던데, 그런 건 없었어요?
뭐를 시켜?
　　┓ 결혼해서 가는 사람들? 가기 전에 미국의 문화는 어떤
　　　지…
어, 어, 어.
　　┓ 이런 거 막 가르쳐주고… 이런 거 있었다고 하던데, 그런
　　　건 없었어요?
대사관에서 인제 몇 마디 하는 거지, 뭐. 미국 가면 어떻게 행동하고 뭐 그런 거.
　　┓ 어떤 거였어요?
미국 가면 뭐 조심하고 그런 거지. 군인하고 결혼하면은 그냥 그 군인 가족이니까, 별 큰 문제는 없고 결혼한다면 둘이 서로[서류] 받고

땡이지.

Ⓘ (웃음)

(큰 웃음)

ⓘ (웃으며) 이렇게 일사천리야? 그냥 딱 그렇게? 이모는 그
럼 클럽 생활 하고 이런 게 없네 전혀?

아 그전에 했지. 열다섯 살에 집 나왔을 때.

ⓘ 잠깐 그때 하고.

(손으로 탁자를 탁탁 치면서) 그니까 열, 열다섯 살 중3 때 집 나와서?
열다섯 살이라니까 사람들이 내가 어려 보이니까- 안 믿어. 그래서
거짓말로 열일곱 살이라고 두 살 거짓말로 올렸고. 그때 한번, 경찰
한테 붙들려서 집에 들어갔는데?

ⓘ 응응.

삼립 빵 사준다고 내 동생한테 거짓말시키고[거짓말하고] 뛰쳐나왔
댔고? 고담에 또 잡혀 들어갔을 땐 이제 열아홉이었어. 아부지가
그때 그랬어, 나보고. 아부지는 공무원, ▮▮▮▮ 다녔으니까 그러더
라고. 하- 그렇게 미국 사람이 좋냐? 내가 미국으로 유학 보내주마
그럼. 미국으로 가라 그럼. 그래서 알았어 아부지, 그래 놓고 그냥
삼각지로 가는 거야, 자꾸만. 영문 타이프 배우러 다닌다고. 그러다
거기서 미군 만나고 크럽에 놀러 들어가고. 그 언니들이 날 보고 대
학생 년이- 학생 년이 여기 왔다고, 화장실에서 막 때릴라 그래서
내가. 언니 나 파주, 파주서 있었어요! 파주, 용주골, 거기가 유명한
데거든, 기지촌치고는. 나 그런 데 있었어요, 나 학생 아니에요, 언
니-. 나도 색시였어요-! 학생 아니라고.

ⓘ 음. (웃음)

막 그러고 그 언니들한테 덤비고 그랬어. 나 결혼해서 미국 갔는데, 어우, 아니야-. 그래갖고 3년 살고. 71년도에 들어갔다가 74년도에 나왔어 되로. 신랑이 나보고 3개월만 있다 오라 하더라고. 왕복 비행기 끊어줘서[끊어주면서]. 알았다 이 쉐끼야!

　　⬛ (큰 웃음)

그러고 속으로는, 내가 다-신 이 버지니아 시골에는 안 들어간다. 우물물도 다 길러[길어] 먹구-. (손 비비면서) 이 쇠사슬에 내 손이 다 이렇게 되구. 우린 그런 시골은. 아우, 화장실 갈라면 진짜 저런, 들에 가서 후라쉬 비춰주면 화장실 가구.

　　⬛ (놀라며) 헥. 진-짜 시골이구나.

똑같애. 내 연극핸 거 똑같애.* 샤워하면은 빠께쓰에다 뜨신 물 받아갖구, 수건으로 (겨드랑이, 등 닦는 시늉을 하면서) 여기부터, 여기부터 닦는 거야.

　　⬤ 아- 아아.

비누칠해서 닦구 머리 감구, 그러는 게 끝이야. 그렇게 하다가 이제 한국에 나와갖구 안 들어갔지, 죽어도 안 들어갔지, 미국에. 근데 그 자식을 내가 델고 나온 게 잘못했어-. 그땐 어린 마음에, 아우 애도 이다[여기다] 두면 공부도 못 하겠다- 이렇게 시골에서. 삼춘[삼촌]이고 뭐 다들 맹눈[까막눈]이야. 신문도 못 봐!

　　ㄱ⬤ 음-.

인디안들이 다 그렇더라구. 인디안 사람이거든. 혼혈계야. 인디안, 흰 애, 검은 애기 잡종이야, 세 잡종. 그런 사람들은 공부를 안 하나

---

* "할머니들의 주크박스 뮤지컬 〈그대 있는 곳까지〉"에는 버지니아 산골 마을에 가서 당황하는 미군 기지촌 여성의 이야기가 나온다.

봐. 그니까 책, 신문도 못 읽구, 거기 가서 우리 시동생 보니까 아홉 살인데 눈이 이렇-게 왔는데도, 장작 패더라구. 그서 내가 아 우리 아들 이기다 놔두면 안 되겠다. 내가 델고 가야지 하고, 델고 나왔는데. 그놈도 대갈빡이 크더니 싫대 한국이. 보내 달래, 미국 보내 달라고. 참… 그래서 할 수 없이, 개는 남 줬어. 고아원에 줬어.

  ▣ 음, 입양 갔구나.

입양 보냈지.

  ▣ 아빠한테 안 보내셨네, 그냥?

(격앙된 큰 소리로) 거기 버지니아에 보내면 뭐 하나-! 공부도 안 가리고[가르치고], 나도 또 안 갔으니까. 아우 지 아빠한테 보낼 생각도 안 했어. 너무 못살고 그냥 군인 나오면은 뭐 밥이나 먹고 월급 타는 거 그거지-? 그 형제들도 다 그지같이 살고 그래-. 근데, 개를 뭘 델고 나왔어, 거다 놔두지. 그지? 그래도 그게 새끼라고 델고 나오는 거야, 잉? 우리 아부지가 그러더라, 나보고. 쯧. 쟈 뭐 하러 델고 나왔나. 동네 챔피하게, 어?

  ◉ 그때 애는 몇 살이었어요?

어?

  ◉ 애는 몇 살이었어요?

그때 애가 네 살.

  ▣ ◉ 음-.

(민주에게) 그 의자 앉어. (잠시 침묵) 이 의자, 우리 집 의자가 다 흔들거리는 거는, 내가, (웃으며) 등치[덩치]가 앉어서 다-! 흔들거린다.

  ◉ (큰 웃음)

(웃음) 빌모레 인제 내 동생[이] 이사 가면서 줄 거는 안 흔들거릴 거야 좀. (웃음)

ㄱⓞ(웃음)

ㅁ다 주고, 다 주고 가겠네, 이모한테 진짜?

근데 여기 들어올 수!가 없어, 짐이.

ㅁ커서.

응. 그니까 내 동생이 자꾸만 두 칸짜리 방으로 가라는데, 난 여기가 편해, 한 칸이래도 나 이 집이 편해. 지가 집세 준다 해도 싫어! 난 이 집이 편해. 또 내가 무서움을 많이 타는데? 길가니까 누가 들어올 수도 없잖아 잘, 그지? 골목집 같은 데 아니고. 그래서 난 죽어도 여기 산다!

ㅁ이모 진-짜 깨끗하게 사는 거 같아. 깔-끔하고 깨끗하고, 저기 먼지 하나 없잖아.

아니 그래도, 내 동생은 이 집 싫어해. 이제 나이 먹었으니까 언니도 좀 호강하면서 살아야지, 뭐 이런 방 한 칸짜리 집에서 사냐구. 집세 내가 내줄게 좋은 데로 좀 가 그러는데. 싫어, 난 이 집이 편한걸! 내가 편한데, 그지?

ㅁㄱⓞ(웃음)

지가 뭐 내 인생 살아줄껴?

ㄱ맞아….

지는 큰 데 살구, 나는 여기 살구, 이걸로서 나는 만족하고, 내가 기쁘면 되잖아. 그지? 내가. 응. 그래서 난 내 동생하고 우리 언니한테도 그래. 오빠한테도. 내가 좋다고 이게. 이 집이 좋다구.

ㅁ나도 좋아 이 집! (웃음)

(웃음)

ⓞ얼마나 오래 사셨어요, 여기는?

이 집에서 6년. 아 물 잘 나오겠다 뭐! 화장실 샤워할 때 물이 샥-

샥- 잘 나오겠다! 그러면 난 다 땡이여!

◉ 그거 중요하죠! (웃음)

응. (잠시 침묵 후 다른 방향을 바라보며 씩 웃는다)

◉ 뭐 보고 웃어요?

(냉장고에 붙어 있는 카드를 쳐다보며) 내 동생-. 내 동생은 나보다 더 이뻤어.

▣ (가까이 가서 카드를 보면서) 영어로 썼어. 아월 올웨이즈-러브 유[I'll always love you].

응.

╗ (웃음)

▣ 대박… 허-.

***

근데 넌 뭐 하는 건데? 지금?

    🔲 (카메라 설치하면서) 카메라 설치하고 있어.

(버럭하며) 왜-!

    🔲 목-소리만 녹음할게, 이모?

지랄하고 자빠져, (헛웃음) 뭐, 얘-는.

    🔲 목소리만 할게, 목소리만.

왜-?

중략

(카메라를 돌아보며) 카메라 찍을 게 뭐 있냐, 그-지 같은 집.

    ⊙ (웃음) 왜요….

    🔲 항상 찍을 게 많은데요?

아유 없어-. 내가 방송 나가면 큰일 난다-.

    🔲 이모 초상권 있잖아. 이모는 공개되면 안 되잖아.

내가 뭐 공개되냐, 내 얼굴은 다 안 나오게 돼 있는데 원래.

    🔲 그치.

그럼. 오빠가 난린데. 햇살에도 못 나가게 하는데-.

    🔲 그르니까. 절대 안 나가게 할게요.

챙피하다고-.

    🔲 (불만스러운 목소리로) 왜 챙피해.

에이, 그래도 형제지간들은 자기 동생이 옛날에 그런 거-! 우리 오
빠가 ▮▮▮▮▮ 지낸 사람인데, 동생이 테레비에 나왔어 봐. 오빠 친
구들이 다 묻더래. 니 동생 지니 어디 갔냐구-. (코 마시는 소리) 우리
오빠 시집가서 미국 가서 잘 산다고 그랬는데, 거기 위안부, 안정리

위안부 할머니라고 플랭-카드 써 붙여서 나가 봐라. 저번에 나왔을 때 그때 ███ ███에서 테레비 많이 나왔드래, 내가.

　　　┓ 맞아요.

장미꽃 주는 것도 나오고 뭐 그랬대, 뉴스에.

　　　▣ 아, 그래서 뭐라 그랬구나.

그래서 얼마나 혼났다구.

　　　┓ 아, 그래요….

그런데 다니지도 말라고. 그래서….

　　　▣ 알겠어, 이모. 나는 오케이. 공개 안 한다. 얼굴은 안 나오
　　　　게. 얼굴은 절대 공개 안 되는 걸로.

(누그러진 목소리로) 음- 지랄하네.

　　　　　　　* * *

딴 언니도 있어? 딴 언니 집에도 가-.

　　　▣ 응, 딴 언니도 갈게! 이모한테 너무 부담 주고 싶지 않아-.

아니, 딴 언니도. 딴 언니도 얘기하고 싶잖아-.

　　　▣ 나도 너무너무 하고 싶은데요. 너무너무 하고 싶은데- 컨
　　　　택을 하는 게 너-무 어려워.

그러니까 (웃음기 있는 목소리로) 누구 말마따나 내가 제일 (멜로디로) 만만하니-.

　　　▣ ┓ ⊙ (웃음)

그거 노래 있잖아-.

　　　▣ 이모 그거 되게 좋은 거야-.

아니, 그, 저기. 햇살에 나온 언니들도 착한 언니들 많아-.

　　　▣ 음 다 너무 좋아요. 다 좋고 저는 햇살 너무 좋아해요. 햇

살에 오시는 이모들 할머니들 다 좋아. 근데 이렇게 카메
라를 들거나 하면 되-게 적대적이거나 싫어하시는 경우
가 있잖아요. 그게 좀 죄송-해서, 말을 꺼내는 것들이 되
게 미안하고 이모한테도 죄송하고 한데-.

뭐, 얼굴 안 나간다 그러면 됐지!

　　□ 절대 안 나가, 절대 안 나가요.

아 뭐 책으로 쓴다매-.

　　□ 네.

가명도 쓸 거고-.▾

　　□ 맞아요.

내 이름 들어가면 안 되지.

　　◉ 이름은 빼…

　　ㄱ 이름은 원하시면 빼고.

　　□ 원하는 이름으로 해드릴게요. 아무튼 이모는 무조건 안
　　　드러나게 할게요. 그리고 이름도, 가명도 이모가 지어주
　　　세요.

지니라 그래-.

　　ㄱ 좋아요.

　　□ 영어 이름이야, 이모?

아니, 영어 이름도 아니야. 그냥 지니라고-. 부르기 쉽잖아, 지니.
그러니까 지니라 하는 게 낫갔지.

　　□ 그리고 아무도 안 읽을 거야. 그게 되게 중요해. (웃음)

　　ㄱ ◉ (웃음)

왜 그래두. 관심 있는 사람들은 사 보지.

> ▣ 맞아요, 맞아요.

> ◉ 관심 있는 사람들만.

누군지 몰라도- 그런 데 또 관심 있는 사람은 사 볼 것이거니와-.

> ▣ 응. 응.

나는 옛날에 한참 또 책에 빠졌지.

> ▣ 어- 그래요?

> ◉ (웃음) 역시 시집을 선물받는 사람은, 그때부터 이미 문학
> 소녀였으니까 선물받았던 걸 거예요.▼

그 여자 집이 상도동인데? 지금 죽었어, 작가가…. 씁. 이름 까져먹
었네[까먹었네]. 그 여자 책은 하이튼 뭐, 박정희 대통령 제5공화국
그런 책서부터-. 그 사람은 젤 끝에, (종이에 글 쓰는 시늉을 하며) 꼭
끝에 누가- 이렇게 해놓거든? 씁, 여루[여류] 작간데 참- 책이 재밌
었어. 그 여자 나온 책이라곤 다- 사다 봤으니까.

> ◪ 소설가예요?

응.

> ◪ 어- 그럼 주로 소설 같은 거 읽으셨어요?

응, 응. 그 여자 죽은 지 몇 년 안 됐을 거야. 한- 6~7년? (작은 소리
로) 상도동이었어… 씁, 누구더라…. 하이튼 그 여자 책은 다, 거의
다, 읽어 봤어.

자기가 살아왔던 내용- 뭐 그런 거, 그담에 어디 시골 이야기, 남자 여자 만나고 이런 거. 하이튼 좀 슬!픈 얘기들이 많았어, 그 작가 선생은. 근데, 재밌었어 소설들이. 고담에 또 뭐야, 저기, 가수 저기 누구야. 〈백만송이 장미〉 부른 애, 심수봉! 심수봉이 쓴 책도 사다 보고. (잠시 침묵) 그때는 이런 노름 잘 안 했지. 고스돕 안 쳤지.

     Ⓜ Ⓣ (웃음)

심심하면 그런 소설책 사다 봤지. 제5공화국 그런 거 재밌잖아. 1편서부터 뭐 5편까지 이렇게 쫙 나오는 거.

* * *

걔[승호]가 참, 나를 시집을 사줬는데. 내가 잊지도 않어.

     ⊙ 무슨 시집이요?

《못잊어》. 김소월의 시집, 그거.

     Ⓜ 크-.

     ⊙ 크… 약간 애늙은이? (웃음)

덕수궁 돌담엘 지나가면서 여기다 요렇게 머리핀 꽂아주더라고. 내 생일날.

     ⊙ 오-.

     Ⓜ 그런 스타일이구나. 로맨티스트네.

     ⊙ 멋있다, 멋있다, 멋있다.

     Ⓜ 열 몇, 한 살 많았다며 이모.

내가 열다섯 살이고 걔 열일곱, 열일곱 살.

     Ⓜ 아- 고등학교 1학년에.

근데 걔가 집이 좀 가난한 애야. 부산이 고향이래. 아부지가 뭐 배 사업하다가 망했다 하더라구, 그래서 서울로 이사 왔다 하더라구.

학굘 늦게 갔나 봐. 걔가 중3이었댔어, 나이는 두 살 더 먹었어도. 애가 그래도 좀 의젓해.

　　　🔲 그러네. 시!집을 선물해주고 삔!을 꽂아주고, 그런 남자가 어딨어.

어, 그리구 내가 첨에 집 나와서 내 친구 혜연이 집에 가 있으니까, 혜연이가 내가 자기 집에 있다 그러니까, 이제 날보고 오늘 니네 집 가자고, 내가 바래다주겠다고. 니네 아버지가 너 안 받아주면은 우리 3원짜리 학교 타자, 그러더라구.

　　　🔲 (감탄하며) 으응-.

(웃음) 그래서 내가 3원짜리 학교가 뭔데? 그러니까는, 우리 집에서 마포까지 가려면 3원이야, 버스비가. 둘이 버스, 버스 타고 가 죽자고, 한강에 가서. 한강 다리 가서 우리 떨어져서 죽자고.

　　　🔲 되게 로맨티스트네, 진짜.

걔가 그림을 참- 잘 그렸어.

　　　🔲 시도 좋아하고 그림도 잘 그리고-.

응, 걔가 그림 그린 것 나를 줬는데 내가 거 스케치북에 넣어놨더니 한번은 아부지가 내 방에 들어와서 이렇게 스케치북 보더니, (주먹으로 식탁을 콩콩 두드리며) 이 그림 누가 그렸냐 묻더라고. 그래서 어 아부지 왜- 내가 그렸어. [그랬더니] (흥분한 목소리로) 거-!짓말시키지 마 이놈.

　　　🔲 ㄱ 🔘 (웃음)

그림 그-릴 줄도 모르는데 이거 누가 그렸냐 그래서, 어- 내가 아는 애가- 그랬더니, 그래? 그림 참 멋있게 잘 그렸다 그러더라고. 걔가 우리 집에 한번 나 데리고 들어갔어, 집 나왔을 때. 그 시집 주면서 내 생일날 우리 집 데리고 가서, 지니가 저 밖에 있다고, 내가 데리

고 왔다고, 나, 사귄다고 지니. 그러니까 울 아부지가 데리고 들어오
라고, 반가워했어-. 그래서 승호보고, 밖에선 만나지 말고 매-주 일
요일마다 우리 집에 놀러 오너라, 승낙했댔어-.

　　Ⓜ 응, 응.

그래서 걔가 일요일마다 우리 집 왔거든? 오면 우리 아부지가 짜장
면 시켜주고 그랬댔어. 방에서 같이 놀라고. 그런데 혜연이가 그때
바람 넣은 거야….

　　Ⓜ 그렇지. 음.

혜연이가, 이야- 저기 가면은 클리프 리차드보다 더 잘생긴 사람들
너무나 많다고, 가자고-. (큰 웃음) 그래갖고 간 거여. 나온 거여, 집.
승호가 그래도 날 생각해서 우리 집 델고 갔는데.

　　Ⓜ 승호… 이모 첫사랑이네.

첫사랑이 아니라 그냥, 드라마 센터 같이 가면은 이제 우리는 앞줄
앉고 남자 셋은 서로 옆에 안 앉았어, 챙피하니까. 우리 셋은 앞줄
앉고 셋은 저 뒤에 앉았고, 혜연이 친구는 저, 정환이라고 있고. 또
미희 친구는 지호야. 지호가 아부지 ■■■ ■■ 다녔댔어, 그때.

　　Ⓜ (웃음) 기억력이 너-무 좋아.

난 그래, 기억력은. (웃으며) 그래갖고 아부지가 너 왜 이렇게 공부
를 못하냐 그러면, 학교에서 68등이면 나 67등이나 66등 하거든?

　　Ⓞ (웃음)

　　Ⓜ 이렇게 기억력이 좋은데?

아부지 나 공부 안 해서 그렇대요- 아이큐는 나 좋아-. 우리 아부지
[왈] 이 썅-, 맨-날! 양양양양양… 그러다가 수학, 체조, 체육은 그
래도 미나 우 받는다고. 다 양양양양가가가가…. (웃음)

　　Ⓜ Ⓚ Ⓞ (웃음)

⬛ 공부했으면 되게 잘했겠네. 이모가 공부를 했으면 되게
잘했겠네.

어. (웃으며) 그랬을 거 같아-.

⬛ 한 번만 봐도 수루룩 외웠었겠네. 음.

* * *

오빠도 71년도에 ▇▇▇▇▇▇ 다 패스했어. ▇대학 나왔
어, 오빠가. 그래갖구, 서른한 살에 ▇▇▇▇▇ 땄어, 오빠가. 근
데 내가 ▇에 맨-날 쫓아가잖아, 매-일! 오빠가 매달 20일 ▇
▇ 월급이다, 그날 나한테 와라, 그럼 내가 돈 좀 줄게 그랬는데도,
약을 먹으니 정신이 맹롱하니까 맨-날 오빠 ▇▇ 앞에 가 서 있
는 거야. 돈 달라구.

⬛ (웃음)

돈을 줘야 약을 사먹지- 그러고 헬렐레거리지, 맨-날. 그러니까 우
리 오빠가 그러더라고 한번은. 쏩, 니-는, 응? 입에서 술 냄새도 안
나는데, 뭐를 했는지 모르겠다. 그러면서, 야 이 간나야, 우리 ▇▇
도니까, 야 이 간나야, 응? 제-발 정신 좀 차려라. 79년도에 우리 아
버지가 [미국에] 들어가시고, 그때부터 쭉 우리 오빠 괴롭혔지, 인제.
(손으로 탁자를 탁탁 치면서) 82년도서부터 쭉- 88년도까지 몇- 년간
을 오빠를 괴롭힌 거야 내가.

그러니까 오빠가 그러더라고. 내가 ▇ 월급이 얼마냐. 뭐 많은
줄 아냐? 그리고 내 쫄따구가 많이 있는데, 니가 그 쫄따구 앞에서
날 보고 저 ▇▇▇▇ 개새끼 잡으라구 그러면 [내가 뭐가 되냐]. 그▇
▇ 애들이 막 누구 잡으라구요? [하면 내가] ▇▇▇ 잡으라구-! 이
제 취해갖구. (웃음) 그랬더니 우리 오빠가 너 땜에 ▇▇▇ ▇▇▇▇▇

그러더라고. 88년도야 그때가. 그러면서, 돈 130만 원을 주면서 날 보고, 마약 했니 너? 그러더라고. 그래서, 그래 마약 했다. 니네 ■■ ■ 깜빵에 갖다 넣어라! 나 왜 그랬는지 몰라! 미천, 년이었나 봐 그때!

▣ (웃음)

그래갖구, 88년도에 오빠가 그 130만 원 주면서 나보고 그러더라고. 인간이 되라, 인간이 되라, 인간 되라. 그게 귀에 쟁쟁해서 오빠를 안 만났어. 딱-! 소식 끊고 여 안정리를 내려왔어, (손으로 식탁을 빠르게 콩콩 치면서) 내가.

▣ 응응응응.

안정리 내려와서 이제 포주 집을 들어갔지. 거기 가면 약을 준다는 소리를 들어서. 그래 그 포주 집에 왔어. 그날 언니가 한 열일곱 명쯤 있었어. 지금도 거기 같이 있었던 언니 있어, 몇 명. 그날 내가 와 갖고, 이제 치킨을 시켜 먹었어. 언니들 이거 같이 먹어요, 하니까. 이 언니들이! 얼-마나 배가 고팠는지, 나는 감자는 잘 안 먹거든. 이 언니들이 감자라도, 감자라도 하나 더 먹으라고! 그래서 아, 이 언니들이 돈을 못 버나, 이 집에서? 내가 속으로-. 나는 이 언니들이 배고팠으면 몇 마리 시켰을 텐데. 나 혼자 먹으라고 한 마리 시켰는데, 몇 명이서 먹으라니까 이 언니들이 막 환장하고 먹는 거야! 그래서 (작게) 아, 포주 집에서는 이 언니들이 못 먹었나 보다. 배가 고픈가 보다, 그러고. 하이튼 88년도 고 집에 들어가서 계-속 있었지.

▣ 음-.

계-속 있으면서 집에는, 딱 연락도 안 하고. 오빠한테도 안 쫓아, 안 찾아가고. 한 달이면은 한 열 번, 열다섯 번, 맨날 돈 내놔라 했는데, ■■ 월급 때도 안- 가, 2년이 저래도[돼도] 안 가다가. (손으로 식탁을 콩콩 치면서) 2003년도에 첨 만났어! 17년 만에! 오빠를! 그것도, [약을 끊었을 때야]. 내가 자꾸 이 약에만 쩔어갖구, 이렇게 하다간 안 되겠다 사람이… 꽃이 먼전지, 잎이 먼저 피는지, 그-것도 생각이 안나. 얼마나 그 약을 많이 먹었는지. 속도 아프구. 쯧.

그래서 내가 인제, 정신을 차리구 사람이 좀, 인간이 돼 보자. 그 생각이 딱 들어서. 약 있던 거를 화장실에다 다 버려삐렸어. 그래서 끊었어 근데. 또 약, 그게 오니까, 쇼크가 오니까, 걷-지를 못하겠어. 이 발을 걷질 못하고 걸어도 이런 (벽 짚는 흉내 내며) 벽을 잡아야 걷겠더라고. 그 후유증이 그렇게 무서워. 아- 안 되겠다 그래서 정신과 약을 또 타 먹어 봤어. 정신과 약을 타 먹으니까, 그때부터 살이 찌기 시작하는 거야!

ⓓ 음.

그래갖구 인제, 2003년도가 돼가지구 얘를[동거인을] 만났어, 이 남자애를. 얘가 스물다섯. 내가 마흔여섯. [그때] 안정리에서 떠났어, 떠나서 평택 가 있었어. 얘는 이제, 지가 돈을 대서 술집 채려준다고. (식탁을 콩콩 내리치며) 그래 쟤를 만나갖고 술집을 하면서. 언니들을 세 명 뒀지, 내가. 두고 이제 장사한답시고 하는데, 내가 장사가 되겠냐-! 술집을 내가 할 것 같으냐!

ⓓ (웃음)

마음이 좋아서! 술 취한 사람 보면은, (손사래 치며) 아유 아저씨 가요, 아유!

ⓖ (웃음)

헛소리 좀 하지 말고 빨리 가라고, 술값 안 받는다고, 다 쫓아내고! 내가 술을 안 먹으니까 그래. 술집 하려면 같이 술을 먹어야 되는데, 나는 술 안 먹잖아. 술집 하면 쉽게 돈 벌 줄 알았더니 아니야.▼

나는 안 돼. 장사 못 해. 술장사 안 돼.

　　▣ㄱ◑ (웃음)

맘이 독한 사람이나 그런 술장사하지. 여린 사람 망하는 장사.

　　▣ 여려가지고 이모 다- 주고 싶고, 그지. (웃음)

또 어떤 사람 와서 밥 달라 하면 밥도 주고, 그래-. 그게 내가 항상 마음 착하게 하자 하는 거는, 몰라, 나는, 어디에 있을 우리 아들, 어? 우리 아들 잘되게 해달라, 그런 뜻에서 그냥 남한테 나쁘게 하지 않고, 착하게 하자 그렇게 하지.

　　▣ 잘 살고 계실 거예요.

아, 지금은 만족해- 이제.

그래갖고, 2003년도에 내가 아유, 쯧, 우리 아버지가 갑자기 보고 싶더라구. 거기 한 언니가 자기 아버지 어쩌고저쩌고 그래서, 나도 우리 아버지가 보고 싶더라구. 우리 아버지 79년도에 들어가셨는데, 내 동생이랑 다 어떻게 됐나 하고 갑-자기 보고 싶은 거야!

　　그래 갑자기 평택경찰서를 가갖고! 아저씨 나 사람 좀 찾으러 왔어요- 그랬어. 그랬더니 그 아저씨가 나보고, 누구 찾으러 왔냐 그래서 우리 아부지랑 우리 엄마랑 우리 언니 오빠, 남동생 여동생 다 찾으러 왔다 그랬더니 쓰래! 그래서 썼지, 인제. 썼는데 그때 88년도에… 오빠가 어디 ▇▇▇에 있었냐면은?

　　(기억하려고 머뭇거리다가 웃으며) 하이튼 어디 ▇▇▇ ▇▇▇▇으로 있었어. (기억이 나서) 어, ▇▇▇▇! ▇▇▇으로 있었어. 88년도에. 그때 오빠 마지막[으로] 봤거든, 그르니까 그거 쓰고. 아부지 쓰고, 엄마 쓰고, 인제 언니 쓰고 오빠 쓰고 그랬더니, 이 사람들이, 이거 친오빠냐구. 그래서 그렇다구. 그때 오빠가 ▇▇▇▇▇ ▇

■였어. 음 ■이었다 ■! 그랬더니 알았다고 그러더라고. 집에 와서 3일 만에 전화 왔어! 서울서 찾는다고 나. 그래서 받아 봤대니까 우리 언니야!

　　Ⅲ 음.

(감정 실어서) 야- 니 살아 있었냐-! 하고 막 울어. 그래서 내가, (무심하게) 그럼 나 살아 있었지! 그랬더니, 야 빨리 올라와라! 응? 동생들도 지금 다 미국서 나와 있다, 빨리 올라와라 그러더라고. 너 어디냐 그래서 (무심하게) 나 평택-. 나는 인제 아부지가 보고 싶었지만 큰언니는 별로 보고 싶지 않았는데 큰언니가.

　　ㄱㅇ (웃음)

야 동생도, 저 지윤[가명]이도 나와 있고 다 왔다 빨리 와라, 막 그러더라고. 그래서, (무심하게) 알았어 그럼- 그러고 그날로 올라갔지. 신세계백화점 그게 저기 잠실 앞에, 뭐 롯데마튼가? 무슨 백화점 앞으로 나오래! 그래갖고 거길 갔지, 갔더니. 언니랑, 내 여동생이 나와 있더라고.

　　이제 얘가[동거인이] 그때 찦차[지프차] 몰았어. 그래 태워다줬어. 쟤는 누구냐 하더라고. 응, 쟤 나 도와주는 애야- 그러고 얘는 나 내려주고 갔어. 가고, 우리 언니 집에 갔지. 갔드니, 오빠가 왔더라구. 오빠 첫마디가 (목소리 내리깔고) 야 이 간나 쌔-끼야, 이러면서 여기를 한 대 탁- 쳐-. 내가 아무리 너보고 인간이 응? 인간이 돼래두, 17년간 어떻게 응? 88년도 그때 보고, 지금 2003년돈데, 응? 17년간 니가 소식이 없으니, 우린 너 다 죽은 줄 알았다. 절에다 모셔놨다, 너를.

　　Ⅲ 음, 허, 아-.

죽은 줄 알았대. 그러면서 우리 오빠가 너 왜 그랬어, 왜 안 왔어 나한테, 한 달이면 열다섯 번 스무 번씩 오던 애가! 그래서 내가, 쯧, 아니 오빠가 나보고 인간이 돼라 해서 내가 지금 인간이 좀 약간, (웃으며) 약-간 좀, 쯧, 마약 안 한다구. 그니까 그때 너 마약 했구나! 그러더라고 오빠가. 그래서 그런 종류라구-. 오빠는 뭐 이런 생활, 내가 미국 사람하고 뭐 약 먹고 이런 걸 모르구.

마약 했댔다구 그때, 지금은 끊었다니까 어디 사냐더라고. 그래서 평택 산다구. 쯧. 평택서 뭐 하고 사내. 술집 한다면 이제 또 난-리 칠 거구. 그래서 그냥… 그냥 산다구…. 저 어린 남자애랑 산다고 할 수 없, 없는데 인제 우리 언니랑 얘기했나 봐. 그니까 우리 오빠가 그러더라고. 놈팽이라구, 얘보고. [그래서 내가] (큰 소리로) 얘는, 젊은 애는 진짜 열-심히 해서 나 돈 벌어다 갖다주거든!

ㅁ (웃으며) 그러니깐.

ㄱㅇ (웃음)

어, 나 멕여 살린 거지, 나 마흔여섯 살부터 지금까지 나 멕여 살린 거잖아-. 청춘을 나한테 바친 거야! (잠시 후에) 근데 우리 집 식구들은, 오빠는 젊은 애가- 인제 나이 먹은 애 델고 산다고 첨에는 놈팽이로 알았나 봐. 그날, 쯧, 내가 옷을 막 뻘건 거 입고 갔더니 오빠가 그러대. 니가 광대냐! 그러면서 돈 (돈 세는 손짓을 하며) 이렇게 시드니[세더니] 200만 원을 주대?

그날 그 자리에서 시지부터[셀 때부터] 아유, 안 받아요 싫어요 됐어요 그랬지. 그랬더니 오빠가 옷이나 사 입어라! 그 옷이 뭐냐! 어? 니가 서커스를 다니나, 광대 또, 쫓아다니나! 그러더라고. 쯧, 그래 오빠가 또 나보고. 뭐 집은 어떤 집에 사나 묻더라고. 월세 산다구. (큰 웃음) 월세 사니까! (웃음)

ㅁ 그치! 음.

응, 월세 산다구 그랬더니 우리 오빠가, 응 알았다…. 기가 막힌가
봐. 그래서, 근데 오빠 인제 좀 인간이 됐다구, 나 마약 안 한다구-
그랬더니. 그래 다행이다, 난 니가 나한테 한 달이면은 열다섯 번
내지 스무 번, ███ 앞에 와서 나를, (갑자기 놀란 목소리로) 너 녹음
하는 거냐 지금?

　　◻ 응, 응.

(놀라는 목소리로) 얘기 다 해?

　　◻ 응, 응, 응, 응. 얼굴 공개 안 할게.

얼굴 공개 안 해도 오빠 알겠어….

　　◻ 아, 그 얘기는 이모, 안 쓸게. 이모가 나타날 수 있는 거는
　　　하나도.

그래! 그런 건 하지 마….

　　◻ 그리고 보여드릴게요. 어떻게 쓰는지.

응, 그래. 그래갖구 오빠가 그러더라고. 쯧. 그래 열심히 살아라. 다
음에 니가 이 놈팽이랑 안 살 때는 내가 도와주마.

　　◻ (웃음)

(웃으며) 피. 얘가 뭐 놈팽이냐-!

　　◻ (웃으며) 성실한데.

성실하고 착하고 나한테 돈 잘 벌어다 주는 앤데. 얘는 지 스물다섯
에 날 만났잖아. (방 안에 걸려 있는 액자를 가리키며) 저기, 저 남자야!

　　◻ 응응.

　　◹ 음.

생긴 것도 잘생겼어-! 스물다섯에 날 만나갖고 지금 마흔일곱이
여-! 22년 됐어. 그러니 나 먹여 살렸지 뭐.

　　◻ 그림 같아, 영화 같아.

그러니까 그러는 거야 나보고. 이제 나는 [동거인이] 할매라 그래, 할매. 할매는 나이 먹고, 내가 갈라니 불쌍해서 못 가겠고, 정이 들어서 이제는. 그래서 내가 그래도 가라. 나는 형제가 (기침) 형제라도 있으니까, 너는 장가를 한번 가야지-. 남자로서. 애들 보면 그렇게 좋아하는데, 응?

　　　　□ (웃음)

동생 애들[이 자기를] 보면 삼춘, 삼춘 하고 쫓[아다닌대], 너무 이뻐 죽겠대. 그래 너도 장가가-.

　　　　□ (웃음)

나는 그냥 여기서 살다가, 니가 장가가면은, 색시 델고 오면 반가워할 테니까- 가라. (큰 소리로) 나무[남의], 나무 자식 앞길 막는 거잖아, 그것도 내가. 그래서 가라 그랬어-. 장가가야지, 새끼도 낳아 봐야지. 안 그래? 지 남동생은 태국 여자랑 결혼했는데, 애들이 너-무 이쁘대. 그래서 내가 가라 그랬어 장가. 나 걱정하지 말고, 그랬더니. 쯧. 에이- 할미 죽으면 간대, 장가.

　　　　□ ㄱ ⊙ (작은 웃음)

태국 여자들은 돈, 돈만 많이 주면 온대.

　　　　□ ㄱ ⊙ (작은 웃음)

얘는 또 시골집이 잘살아! 여기 와서 뭐 구태여 노가다 뛸 필요도 없어. 땅도 많고. 전라도 애래도. 옛날에 난 또 우리 엄마가 전라도 사람은 간 췄다 간 뺏어 간다…

　　　　□ ㄱ ⊙ (큰 웃음)

그랬는데 거짓말이야. 전라도 사람이 더 착해! 진짜야. 얼마나 착하다고. (잠시 후에) 그래갖고, 17년 만에 오빠 만났어. 2003년도에. 형제들 다 만나고.

▣ 이 러브 스토리가 궁금하다.

　　◉ 맞아.

응?

　　▣ 23년의 이 러브 스토리가 궁금해.

미국 안 좋아-.

　　▣ 미국 말구.

그럼?

　　◉ 지금 애인분.

　　▣ 스무 살 이하? 아니 스물 몇 살 차이 난다고 이모?

스물… 나랑은… 저기…

　　▣ 일곱?

스무 살 차이지, 스무 살.

　　▣ 스무 살 차이, 어, 스무 살 연하 남자와의 연애가 궁금하
　　　네. 사랑이 궁금하네.

　　◔ (웃음)

몰라! 얘는 내가 순진하대. 이런, 색시 했던 거 꿈에도 몰랐나 봐.

　　◉ 어떻게, 어디서 처음 만났어요?

술집에서.

　　◉ 음.

　　▣ 술 먹다가.

술집에서 나 처음 만났는데, (자기 볼을 가리키며) 이거 다 여드름 자
국이거든.

　　▣ 응응.

응? 곰보가 아니라! 여드름이 하-도 많이 나서 여드름 자국인데 얘
가 뭐라는 줄 알아? (작게 웃으며) 얘도 웃겨 전라도 앤데. 나를 봤을

때, 지는 테이블에, 의자에 앉아 있었구 내가 이렇게 서 있드래. 서
서 막 들어오는데 자기는, 내가, (잠시 침묵) 그거 있잖아. 영화배우,
영화배우 아니라 그 여자 있잖아, 좀 섹!시한 여자. 미국에 섹시한
여자.

    ⊙ 비욘세?

    回 (웃으며) 아니, 아니야.

아니 비욘세 말고 옛날에-.

    ⊙ (웃으며) 옛날에. 죄송해요 너무.

마리린 먼로 말고-.

    回 샤, 샤, 샤?

    コ 샤론 스톤.

    回 샤론 스톤?

아, 샤론 스톤이 아니라.

    コ 누구지.

원더 워먼!

    ⊙ 아-! (큰 웃음)

    コ (웃음)

원더 워먼같이 보이더래, 지 눈에는.

    回 엄청 세 보였구나. 강해 보였구나.

응. 늘-씬하고 그때 그랬대. 원더 워먼인 줄 알았더니, 아침에 자고
일어났더니, 약간 곰보더래. (웃음 터짐)

    回 コ ⊙ (큰 웃음)

불빛에 봤을 때는! 너무나- 너무나 예뻤댔대, 내가!

    回 コ ⊙ (웃음)

근데, (웃으며) 그것도 몇-년 후에 얘기해주더라구.

◉ (웃으며) 몇 년 후에!

몇 년 후에 얘기해줬어. 자고 일어났더니 내가, 보니까 곰보더라고. (웃음을 터뜨린다) 그래서 내가 야 나 곰보 아니야 이 새끼야. 이거 저기, 여드름 자국이야. 그래서 그래.

◉ (웃음)

하이튼 착해 보였대. 너무 착해 보였대. 그러고 지가 좋았대. 그니까 맨-날 찾아오더라구.

▣ (잠시 후에) 꽂혔네, 그치. 완전 꽂힌 거네, 이모한테.

응.

◉ 거의 첫눈에?

자기는, 고등학교 다니구, 군인 가고 그랬을 때두… 사귀어 보질 않았대 여자애를. 그래서 처음에 우리 식구, 내 여동생 만났을 때 고개를 못 들고 그냥 이래갖구 있어. 고개 들면 얼굴이 빨개져갓구.

▣ 아-우.

홍당무가 돼 그냥. 애가. 그렇게 시골, 시골이니까.

▣ 순수한.

시골 촌놈.

▣ ㄱ ◉ (웃음)

▣ 순수한, 순수한.

시골 촌놈, 시골 촌놈.

◉ (웃으며) 순수하다고 계속 포장해주려고 하는데.

▣ 응, 순수해, 순수.

◉ 여기선 계속 촌놈이라고.

촌놈이야 촌놈. 시골 촌놈.

▣ 이모도 엄청 솔직하고- 가식 없고. 잘 어울리는 커플이

네. 맞네.

몰라-! 하이튼, 얘는 그래. (잠시 후에) 그러다가 내가 우리 남편하고 영어로 이렇게 얘기하고 그러니까 얘가 나보고 미국 사람 있었어? 미국 사람 있었댔내. 그래서 내가, 남편이 미국 사람인데 애-도 하나 있었어-. 니 같은 아들 하나-. 니랑 똑같아 지금, 나이가. 그랬더니 내가 더 불쌍하다는 거야. 미국 가서 살지 왜 여기 왔냐구. 그래서 미국이 싫다 그랬지. (큰 소리로) 그래갖고 개가 나 술집 한다고 돈을 대줬거든! 지 땅을 잽혀갖고! 3천만 원을 대줬어-. 대줬는데 인제 내가 야! 내가 담에 우리 식구 찾으면야! 너 돈 몇 배래도 갚아줄게. 걱정하지 마, 그랬잖아-.

* * *

언니가 그러더라고. 얘랑 있으니까 오빠가 안 주지, 얘 가고 나면, 쯧, 집이라도 쪼그마한 거 하나 얻어준다고. 나 쪼그만 집 싫어! 이 집이 좋아, 나는. 그냥 월세! 살 거야 여기. 내가 그랬어. 아이고 나는 뭐, 쯧, 이제 내일 죽는대도 행복하구, 요걸로서 행복하구. 아부지 속 썩인 거 미안하구-. 아부지 말 안 들은 거. 그때, 내가 자꾸만 삼각지 가서 타이프 배운대놓구 미군들 따라서 놀고 들어오니까, 아부지가 가지 마라, 나가지 마라, 내가 미제 과자도 얻어오고, 미제 샴푸도 갖고 들어오면 제-발 그런 것 좀 갖고 집에 들어오지 말아라.

🅜 으으응.

응? 내가 미국 보내줄게. 그러니까 그, 그 말이 제일 무서… 제일 후회돼. 그러면서 우리 아부지 그러더라고. 나보구, 니가 어디에 미쳤대. 어디에 미쳤는진 모르는데! 제-발 미치지만 말어라. 미치면은 쩔룩발도 춤추는 걸로 보인다.

　　🔲 응, 응.

그러니까 미치지만 말어라…. 그때 내가, 저기 인천 올림포스 호텔에! 처음에 미국서 나와갖고는 막 (손가락을 비비며) 카드! 블랙 잭! 이런 거 하러 다녔거든. 워커힐, 인천 올림포스. 막 택시 타, (나지막이) 그때도 이거[약] 먹었어-. 옛날에 먹던, 그 방법이 있으니까 뻥- 가고 좋더라고, 기분이. 뭐 이 세상이 다 내 것이여! 그런 거 먹고 막 돌아다니고. 아부지한테 가서, 아부지 돈 70만 원만. 그때 69년도, 아부지 미국 가기 전에.

　　(낮은 목소리로) 아이구 우리 딸이 와서 날보고 돈 달라는데 내가 돈을 집에다 그렇게 놔뒀나? 없는데-. (다급하게) 아이 아부지 빨리 돈 줘-! 지금 택시 기다리고 있잖아. 빨리 좀, 빨리 좀 내놔. 막 그러니까 울 아부지가 (낮은 목소리로) 아유 피아노를 팔어주나, (원래 목소리로) 그때 포니 있었어 울 아부지가.

　　🔲 아-유.

(낮은 목소리로) 내가 저놈의 차를 팔어줄까, 뭘 팔어줄까. 우리 딸이 저렇게 돈 달라는데 돈은 다 은행에 있고. 그서 내가 (다급하게) 아이 아부지 빨리 내놔 빨리. 나 지금 빨리빨리, 통행 시간에 택시 타고 가야 돼. 그러니까 우리 아부지가 돈을 30만 원을 주더라고. 내 잊지도 않아.

　　그러면서, 대문 앞까지 따라오면서 날 보고 팔을 이렇-게 잡드니. 니가- 어디 미쳤는가 본데, 제-발 (웃으며) 미치지만 말어라. 미치면은 쩔룩발도 춤추는 걸로 보인다. 아부지가 참 나한테 잘했어. 근데 오빠는, 나를 찾을라고 (잠시 침묵) 캬- 또라이 병원, 행려환자[행려병자], 어? 대한민국 그런 데서 나를 찾을라고 해도, 내 이름이 없더래. 그니까 이년이 분명히 맨날 또라이 짓 해갖고…

⬜ (웃음)

한 달이면은 거의 열다섯 번 스무 번 찾아오니[찾아왔는데], 이제 얘가 17년간, 88년도에서 2003년도, 17년 동안 안 오니, 죽었다. (손바닥으로 식탁을 치며) 아버지 걔 죽었어 이제- [그랬던 거야]. 우리 아버지가 한국에 나오면 지니 찾아봐라, 지니 찾아봐라, 지니 찾아봐라 그러다가, 미국서 돌아가신 거야. 또, 몰라, 쯧, 우리 아부지도 불쌍하고 우리 엄마가 집 나가서, (갑자기 크게) 내, 우리 엄마가 집 안 나갔으면 나도 안 나갔을 것 같애!

⬜ 음.

나 어렸을 때, 열다섯 살 때 우리 엄마가 이 노름에 미쳐갖고, 집 나갔다구. 나갔기 때문에 집에 들어오면 누가 있어! 식모 있지. 식모가 나 반겨주지 뭐, 누가 반겨줘? 그러니까 집에 들어오면 그냥 동생들, 언니, 오빠 보고. 아부지는 저녁 5시면 들어오고. 우리끼리 같이 얘기하고. 그러고 인제 아부지는 자러 안방에 가고. 오빤 오빠 방, 남동생하고 둘이 가고. 우린 우리 방. 식몬 식모 방. 이렇게 해서 살고 그랬거든. 그러니까 대화할 사람이 없었어 잘.

⬜ 응.

아부지하곤 그냥 아부지가 용돈 얼마 필요하냐 그러면, 오빠가 인제 야 너 얼마 쓸래 요번 달, 그러면. 오빠 3만 원 줘- 그럼 3만 원 줬고. 그럼 아부지가 딱 그냥 주고. 그런 식이었어, 군대식으로. 누구한테 할 얘기도 없고 할 사람도 없고 그러니까 내가 집 나왔지. 아부지가 여자 복이 없어. (잠시 침묵) 그 엄마 그렇게 집 나가고 그런 바람에 아버지가 다방 하다가 다방 여자 만나갖고, (잠시 침묵) 미국으로 이민 간 거거든.

▣ 음! 잘하셨네!

잘하기는, 그래도 박정희 대통령 돌아가시고 3일 후에 ▓▓▓ 갖고 나간 사람은 우리 아버지여. 그때 그거 그쟈느면[그러지 않으면] 나라에 다 고발해서 뺏겨, 그 돈. 근데 우리 아버지가 그때 그러더라고. 남대문 시장 아줌마들, 딸라 바꾸세요, 딸라 바꾸세요 하는 사람들! 지니야 절-대 너 깔보지 마라. 그 사람들은 나보다 더 낫드래. 우리 아부지보다도 낫드래. 미국 어디 은행 가서 찾아요, 하고 탁, 탁, 탁, 탁- 수표로!

▣ 어, 어어.

ㄱ (웃음)

수표로 딱딱 써주드래. 그러니까 그거 빼가지고 갈 수 있었다는 거야. 우리 아부지는 그래서 미국서 눈감고 돌아가셨잖아. 아부지가 그렇게- 한국에 나와서 날 찾아도 나는 못, 소식을 안 알렸잖아. 88년도에 소식 끊구. 집에 가지도, 알리지도 않고 아-무도 안 만났잖아. 그러다가 2003년에 만났을 때 아부진 벌써 돌아가신 거야.

▣ (한숨)

＊

이제- 안정리 있다가 나이도 먹고 이제- 지긋!지긋하더라고-. 이 생활이-. 포주 집에 얽매여 있는 것도 지긋!지긋하고-. (목 긁는 소리로) 맨-날 약 먹으니까는, 약 먹을 땐 속 아픈지도 몰랐지-.

　　回 응.

한 병에 천 알 들어 있어. 그게 이틀을, 이틀, 사흘 갈까?

　　ㄱ (놀라며) 허-.

그러면 천 알씩 든 병을 한 번에 열 개를 사. 열 개를 사면은. 이게 잘 가야 15일밖에 안 가. 그니까 만 개라는 거야.

　　回 (놀라며) 히.

그걸 생각하면은 내가. 왜 이렇게 지금 속이 아픈가, 지금의 내가 느껴 그거를.

　　ㄱ 그럼 약은 직접 사세요? 아니면은, 포주가 사다주…

포주가 사다줬고 인제, 또 내가 더 먹고 싶을 때는 내가 사다 먹고.

　　ㄱ 약국 가서.

응, 얘 만났을 때?

　　ㄱ 음.

내가 그 약 사러 가자, 그러면. 얘는 누나 그게 뭔 약인데? 모르니까-. 야 나 저기 몸 쑤셔서, 먹는 진통제다-. (잠시 침묵) 그리고, 매-일 먹은 거야.

　　ㄱ 만나고 나서도요?

응! 못 끊겠어-. 막 두렵구, 말도 잘 못하겠구, 처음에는. 그런데… (잠시 침묵) 차츰, 차츰, 그, 이, 속이 아프니까- 그게 먹기 싫다구. 또 알약이 좀 커! 옥타리돈은? 매끄러워서 물 없이도 열 개 스무 개씩 (입을 꾹 다물고 삼키는 시늉을 두 번 한다) 침으로 이렇게 삼킬 수 있는데 이거는 막, 한 팔십 개 정도면.

ㄱ (놀라며) 흠!

아우 막, 죽겠어 이제. 그래서 아 그런 약 좀 고만 사먹어야 되겠다, 고만 사먹어야 되겠다 하고 마음먹었지. 그래서 안 먹었어, 고다음 부터.

ㄱ 대단하시다…. 끊기, 끊기 힘들 거 같은데.

79년도에 얘를 만났거든, 내가. 아 97년도, 아임에프[IMF] 때. 고때 만나갖고.

ㅁ 20년 됐네, 20년.

웅. 97년도에 만났어. 얘 스물다섯 살, 나는 마흔여섯 살.

ㅁ 대단하다, 진짜 이모. 이모 능력자야.

으?

ㅁ 이모의 능력, 이모 능력자라고.

전라도 사람은 간을 쳤다 간 빼 간다 그래서 나는, 얘를 믿지도 않았어-. 안 믿구 그냥, 뭐 누나 어찌구저찌구하면 그런가 보다 하고. 내가 이제, 미군 부대 크럽 나가서 돈 벌어오구, 쯧, 월급 타야 돈 40만 원- 어? 컵 닦고, 그런 거 한다니까 지가 멕여 살리겠다고, 날더러 일 고만 다니라고. 그래 그때 지가 막, 시골 전라도에서 올라와 갖고 나 만나서 저기 용역 뛰니까 하루에 4만 8천 원 주더라고, 아임에프 때. 그러니까 이제 4만 8천 원씩 벌어오면 날 주고, 그때부터 날더러 고스돕 치러 가라 그러더라고. 지 일 가면서 고스돕 방에 내려주고, 또 일 끝나면 태워서 오고.

ㄱ (웃음)

일부러.

ㄱ 학교처럼. (웃음)

웅- 첨서부터 그랬어.

　　🔲 쉽지 않았을 텐데, 그치. 스물다섯에 마흔여섯 여자를 만
　　　나는 게 쉽진 않을 텐데.
아, 내가 너무 예쁘더래.
　　🔲 이모 예쁘지.
그래서 그냥, 아유- 잠깐 사귈까 했는데, 처음서부터 갈 길은 다르
다 그러더라구. 자기는 하향선, 나는 상향선. 그래서 여기 평택에 온
김에 잠깐만 지내자고, 그래서 그렇게 하라- 뭐 그런. 그러더니 뭐,
지가 좋으니까 지네 집 가서 쌀 갖고 와, 농사지으니까 쌀 갖고 와,
뭐 된장 갖고 와, 다- 갖고 오기 시작하대. 그서 아무 때고 넌 장가
가라- 첨서부터 갈 길은 달랐다 했으니깐. ▼

연-애는 안 해 봤어-.
　　⊙ 에이, 그래요?
　　🔲 서운해하신다.
누가.
　　⊙ 지금 연애…
　　🔲 지금, 연애 중인데-.
어우? 지금? 얘-?
　　🔲 응.
얘는 연애가 아니여-. 얘는 연애가 아니야-. 얘는, 얘는 그냥… 만
난 거구, 우연히 만난 거구. 얘랑 연애해 본 적도 없구.
　　🔲 같이 사는데-.
같이 사는 거뿐이지, 얘야-. 연애라고 할 수는 없지-. (컵을 내려놓는다)

(잠시 침묵) 그러다가 이제, 내가 술집을 하나 내고 싶다 그랬지. 근데 돈이 없잖아, 그때는 우리 형제들을 안 찾았어 내가. 안 찾고…. 그 2000년도지. 내가 한 3천만 원만 있으면은, 평택에다가 술집 이렇게, 아줌마들 두면서 장사하는 그런 거. 하고 싶다 그랬더래니까 얘가 자기네 논 잽혀서 3천만 원 가져다주더라고? (잠시 침묵) 그러고 또 얘한테 한 9천 800만 원 빚졌어! 나.

　　□ ㄱ (웃음)

　　□ 억이네 이제. (웃음)

그래서 내가 우리 식구들, 형제들-. 우리 오빠가 ■이었고 형제들 잘살았으니까는. 형제들 언젠가 찾으면 내가 갚아줄게, 걱-정하지 마라. 그랬거든. 그랬다가, 2000년도에 술집 내고 2003년도에 식구들 찾았잖아. 그러니까 얘는 우리 오빠가 ██이라 그러니까, 아-이고 이제 돈 금-방 받게 생겼구나- 응?

　　□ ㄱ (웃음)

얘가 하는 말이 그래-. 아- 돈 받으면 난 이제 시골로 간다- 응? 거기 자기 친구들도 다 기아자동차 다니니까 이제 노가다 그만 뛰고, 나랑 거시기, 갈 길은 틀리니까, 지도 장가는 가야 되고. 아-이고 이제 돈만 받으면 가야 되겠다, 했더니. 뭐 돈을 어떻게 받어! 주나, 우리 식구가?

　　　ㄱ (웃음)

안 주지. 그러니까 그런 거 다 포기하고… 또 갈라니까… 나보고 그래, 이젠 할머니가 됐어? 쯧, 나이 먹고 내가 자꾸 아프니까. 자다가도 막 아프면 응급실 가고 그러니까. 걱정되니까 갈 수가 없, 없다 이거야. 그래갖고 그냥… 있는 거여! 나는 원래 무섬을 많이 타기 땜에, 혼자 이렇게 집에 있고 그러면 무섭고 그러니까, 그냥 할- 수 없이. 일도 저기 뭐, 지금은 기술자라서, 요 부대 가면 일당은 20만 원인데, 인제 또 딴 데서 필요해서 부르면 부르는 게 값이야. 뭐 50 도 받고 30도 받고.

　　ㄱ (놀라며) 허.

그렇기 땜에. 저번엔 강화 가서 일한다 하더라고. 강화는 왔다 갔다 운전 못 하잖아, 당일치기[로]. 그런데 내가 그날 밤에 병이 나갖고 심장이 막 숨-이 막혀서! 막, 금방 죽을 것 같아. 그러니까 또 응급 실, 응급실 가고 하니까, 애가 이제 그런 데를 가지 않으라고 해.

　　ㄱ 음-.

내가, 좀 아프면은, 막 숨이 차, 숨이 막 그냥 멎을 것 같아서 목까 지 와도, 내가 택시 타고 갔다 올게 그러고 갔다 와. 근데, 한 두 달 됐나? 갔다 온 지? 이제는 숨이 차면 하나님한테 기도 드려. 응급실 가도 똑같은 거, 돈만 기냥 또 버리고 괜히 애 걱정 자꾸 시키고 그 러니까.

　　ㄱ 그런 거 위험한데… 막 숨차는 이런 거예요? 숨이 막 이 　　　렇게?

막- 여기서부터 가슴이, 아프면서, 꽉! 숨이 막히는 거같이 그래.

　　ㄱ (놀라며) 헤엑….

그니까 하-도, 약을 많이 먹어서 그런 거 같아. 내 생각에는.

　　ㄱ 그 약은 뭐였어요? 그 커다란 약은? 옥타리돈 말고 그 큰 　　　거….

그 이름을 잊어 먹었어. 옥타리돈만 몇-십 년을 먹었으니까.

　　ㄱ 으음.

*　*　*

몇 사람만, 몇 사람만 [인터뷰] 더 하면, 되잖아.

　　　◨ 많, 많, 많-으면 좋은데, 한두 명만 더 있어도 돼. 두 명 더.

　　　이모 추천해줄 친구 없나? 누구 하면 좋을까? 모르겠어.

저기 저기, (식탁을 탁탁 치면서) 요짝 테이블에 앉았던 여자 누구여,

그 여자 이름이… 저번에 그 뭐 미국 따라갔다 왔던 여자 있잖아.

　　　◨ 잘 안 오시는 분?

(고개를 절레절레한다)

　　　◨ 말고 잘 오시는 분?

햇살에 맨날 오지, 화요일마다 와갖고. 머리 이렇게 빠-마를 해갖

고. 우리 테이블 (손으로 탁자를 탁탁 치면서) 여기면 걔는 저짝 테이블

에 앉았다.

　　　◨ 근데 지금 남편이랑 살고 있잖아.

무슨 남편이냐. 혼자 살고 있구만.

　　　◨ 그분은 아닌가? 남편이랑 사는 분?

남편하고 살고 있다 하는 건 그 ☆☆에, 저기 그 김□□야?

　　　◨ 말고, 말고, □□ 말고.

어이구.

　　　◨ (놀라며) □□ 이모 남편이랑 살아?

　　　◹ 엄▽▽ 이모가 남편이랑 사는 거 아니에요?

엄▽▽는 옛날에 미친년이었어.

　　　◨ ◹ ◉ (웃음)

　　　◨ 보통 사람은 아니잖아.

누갔어[정신 나갔어].

　　　◉ 네?

누갔다고, 걔는.

ㅇ 아-.

ㅁ 진짜 재밌게 놀았을 거 같아, ▽▽ 이몬.

아, 걔는 또라이 짓만 했어-. 여자가 할, 우린 아무리 약에 쩔었다 해도 길가에다 오줌 안 싸.

ㅁ ㄱ ㅇ (큰 웃음)

ㅁ 그런 사람이지, ▽▽ 이모는. 매력적이지. 엄▽▽ 이모는 뭐든지 할 수 있을 것 같아.

아휴-. 길에 쓰러져 자고, 거기다가 오줌 싸고…. 저- 초가집 지을 때 생각나지. 우리는 그 애 쳐다보지도, 쳐다보지도 않았어. 내가 비록 약에 쩔어 있었지만은…. 아닌 건 아니여. 긴 건 긴 거고. (잠시 침묵) 커피 한 잔 타줘?

* * *

그 시뚝거리는 거 하나 있잖아, 그거. 연극할 때 저기 누구야, 김□□, 그 남자 역할 하던 거[랑] 같이 춤추던 거. 나 그 여자 이름도 잘 모르겠더라.

ㅁ 아, 김□□…. 춤추던….

□□랑 같이, 누구야.

ㅁ 아, 생각을 해야 된다…. 누구야….

ㄱ 보면 알 거 같은데.

ㅁ 아, 나 진짜.

[햇살사회복지회에서 모일 때] 의자에 맨날 앉아 있는 여자.

ㅁ 아-!

의자 이 첫 번째!

ㅁ 짱 싫어하지, 이모. 별명이 있었는데, 그 이모? 옛날에 별

명이, 오리 궁뎅이? 아니야?

몰라, 별명은.

　　　▣ 오리 궁뎅이라고, 별명이 있었다고 하더라고요.

연극한다 할 때 안 오고 그래서 원장님이 데리러 가고 그랬잖아, 그 여자 집에. 그 여자 최고! 꼴 뵈기 싫어. 나 하나님한테 그랬어…. 하나님 원수를 사랑하라 그러고, 응, 미워하지 말라 그랬는데, 난 저 여자가 참 밉다고.

　　　▣ (웃음)

그때 뻐쓰 같이 타고 가는데 괜히 나한테. 내가 여기 앉았으면 지는 내 옆에 앉으면 될 거 아니야, 아우 씨팔, 이러더라고. 그래갖고 내가, 아우 이 씨발 게, 그랬다고. 지는 씨팔, 씨팔 그랬으니까 나는 씨발 것.

　　　┓ (웃음)

아-오 고소해서. 뻐쓰에서 확- 붙들까 하다가. 그 여자 이름이 뭐더라. 동네에서 그렇게 잘난 척했대. 옛날에. 감찰*하고-.

　　　▣ 아, 그래! 내가 맞네.

　　　┓ XX 님?

　　　▣ 말고-. 여기 소파에 제일 첫 번째 앉는, 입술 빨간…

첫! 번째 앉아! 입술 빨-갛게 발라갖고 가는 여자!

　　　┓ △△….

　　　▣ 어, 맞아 맞아.

박△△!

---

* 각지의 기지촌 여성 자치 모임은 정부의 개입으로 인해 상호 감시 등의 통제 장치로 활용되기도 했다.

ㄱ (웃음)

　　ㅁ 맞아 맞아, 맞아 맞아.

최고 싫어!

　　ㅁ 안티가 너무 많아. △△ 이몬 안티가 엄청 많지.

안정리 사람들 다 욕해, 걔. 아니, 가정부인들도 아줌마들도 그래.
나쁘다고, 싸가지 없다고 저거.

　　ㅁ 어-, 큰일 났네… 이모 행복해 보이던데.

(잠시 후에) 난 최!고 싫어, 그 여자.

　　ㅁ ㄱ ㅇ (큰 웃음)

주는 거 없이… 내가 지, 지를 언제 봤다고, 내가 저기서 이렇게 내
려오니까 나를 막 불러. 야야야- 그러더라고. 그래서 이렇게 보
니까 그 언니야. 나보다 언니잖아, 난 햇살 나간 지 얼마 안 됐으니
까. 내가 어, 언니 왜요? 그랬더니. 야, 너 저 밑에 집, 저 집 잘 아냐?
그러더라고. 그래서 내가, 아 거기 주인아줌마 알죠. 한동네 사니까
안녕하세요- 아침에 인사하면 이제 서로 아는 척을 하지. 왜요 언
니? 그랬더니. 야, 거기 빈방 났다- 너가 가서 좀 싸게 해달라 해라,
그러더라고!

　　언니 방 얻게요? 그러니까 그렇대. 그럼 언니 와 보세요, 델고 갔
다고! 방이 한 칸인데 화장실이 밖에 있대. 그래서 20만 원인데, 그
러면 아줌마 좀 싸게 해주세요, [그랬더니] 2만 원 깎아준다 하더라
고. 그래서 내가, 언니- 18만 원까지 해준대요. 그랬으면 지가 싫다
좋다 소릴 해야지, 거기서. 생각해 보고 오겠다 하든가. 알았어요,
하고 그냥 싹 나와버렸어.

　　ㅁ 음- 그런 걸 잘 못하는 이몬가 보네.

알았어요, 담에 올게요, 해놓고 오도 가도 않으니 그 아줌만 뭐라

하지, 나보고.

　　🄼 그치, 그치.

그래서, 나 잘 모르는 언닌데, 햇살서 아는 언니야- 그랬지.

　　🄼 으이그, 괜히 얽혔네 이모가.

응. 내가 그때 느꼈어. 저 언니가 빈덕[변덕]쟁이구나, 내가 말을 하지 말아야지. 그다음에 나 너 언제 봤다냐 식으로 하더라니까?

* * *

조☆☆는! 나랑 웬수여!

　　🄼 아, 진짜? 머리 하얀?

왜냐면은 70년도에 내가 미국서 나와갖구- 부대 들어갈 때, 에스코트 셋 하는데.

　　🄼 에스코트가 뭐야?

미군 부대에 델고 들어가는 거.

　　🄼 아, 어어어어.

그니깐 이제 결혼한 여자는 아디칼[ID Card]이 있으니까 사람 델고 들어갈 수가 있거든. 셋밖에 못 들어가는데, 자꾸 조☆☆ 그 언니가- 그때 단발머리조였어.

　　🄼 아 단발조였어? (웃음)

어, 단발머리조! 그럼 벌써 이태원서 알아줬어. 그 언니도 못됐어, 성질이. 드러워!

　　🄼 ㄱ (웃음)

자기도 좀 해달래서, 언니 나 벌써 세 명 했는데- 내가 다음에 해줄게, 그랬더니. 응? 국제결혼 했다고 잰다고 그래서.▼ 아니 그게 아니라 언니, 세 명 내가 벌써 델고 들어갔는데 또 하라면 못 하니까,

담에 내가 언니 해줄게. 그랬더니 여기[안정리] 와서 만난 거야, 그
조☆☆를.

　　　┓ 미국에 [가서] 결혼했을 때나, 결혼했다 한국에 다시 돌아
　　　　왔을 때 약간 시기하고, 질투하고 이런 게 좀 있었어요?
여자들이?
　　　┓ 네.
그렇지. 그래서 내가 언니 나도 옛날에 양갈보 했댔어- 그랬지 뭐.
　　　▣ ┓ (웃음)
막 뚜드려 팰라 하니까-.
　　　┓ 아, 진짜요?
어. 여자들이 억셔.
　　　▣ 어-.
나도 이런 생활 했댔어. 나 뭐, (잠시 침묵) 가만히 이렇게 있다가 처
녀로서 결혼한 거 아녀- 언니 나도 다 과거 있어-. 그니까 안 때려.
그러지 않으면 막 화장실로 따라와라 해놓고 때리거든.
　　　▣ (안타까워하며) 아-.
　　　┓ 어, 어디서요? 그냥 길에서, 아님 클럽에서.
크럽에서.
　　　┓ 클럽에서-.
응. (잠시 침묵) 여자들이 무서웠어-. 옛날에는 언니들이 무서웠어.
　　　▣ 이모 너무 어렸을 때 시작해서.
응. 나는 너무 어렸을 때 시작해서.
　　　┓ 어떨 때 막 때리려고 해요? 뭘로?
(잠시 후에) 그때 내가 열여섯 살이었나 그래. 그 포주 집에 있을 때.

어떤 미군이 춤추자 해서 춤춘 거밖에 없는데, 그 언니가 나한테 병을 들고 덤비더라구. 병 깨서. 손 이렇게 됐잖아! (오른손 엄지와 검지 사이를 보여주며) 여긴 [피부가] 없잖아. 찔려갖구. 병에 이렇게.

　　　Ⅲ 아-.

(왼손 보여주며) 여긴 있구, 여긴 없잖아.

　　　Ⅲ Ⅱ (놀라며) 허?

여기 이만큼 나갔어, 내가 병을 이렇게 확 잡다가. 내 얼굴에 찌른다구 막 그래서.

　　　Ⅲ Ⅱ (놀라며) 허?

그런 것도 있구.

　　　Ⅲ 칼부림도 있었고, 막 그랬었대.

응. 안 좋아 여자들. 억셔.

　　　Ⅲ 그치. 살아남으려면.

　　　Ⅱ 미군이랑은 싸우고 이런 적 없었어요? 미군이 나쁘게 한
　　　　적은.

별로. 없어.

　　　Ⅲ (잠시 후에) 이모. 미군만 만나다가. 한국 사람 못 만나겠
　　　　다, 그런 분들도 계시더라구.

나도 그렇게 생각했어!

　　　Ⅲ 미국 사람들 매너 있고. 신사답고 한데, 한국 남자들은 좀,
　　　　그런 스타일이 아니니까.

아니겠지. (방 안쪽을 가리키며) 얘는[동거인은] 남자 천사야.

　　　Ⅲ Ⅱ 음-.

　　　Ⅱ 그럼 그땐 [조☆☆을] 이태원에서 만난 거예요?

그릏지, 이태원 정문 부대, 게잇쎄븐[gate7]. 서울 그 8군 들어갈 때. 거기 쫙- 여자들이 서 있거든. 그럼 서로 에스코트해달라 그래.

◻ 그럼 에스코트해서 들어가면은…

크럽이지.

◻ 아, 그 안에 클럽이.

크럽이지. 부대 안에 크럽. 그럼 거기서 미군들 만나서 얘기하고, (잠시 침묵) 이제…

◻ (작은 목소리로) 노는 거지.

되면은! 같이 집에 델고 나가고. 그런 식으로! 부대 안에 들어간 사람, 또 부대 밖에서 미군 상대하는 여자들, 또 안에 [있는] 부대만 주로 뛰는 여자들, 그 조☆☆가 부대 안에서만 주로 뛰었거든.

◻ 안에 있는 게 쫌 더 인기 많은 스타일 아니야? 인기 많은 사람들이 안에 있는 거 아니야?

그 안에가 좀 편안하지. 행길에, 길가에 있는 크럽보다는. 안에가 분위기가 훨씬 낫지. 무드가, 있지! 그러니까 여자들이 서로 들어가려고 정문에 쫙- 서 있지.

* * *

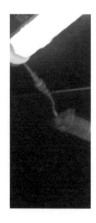

어- 그리고 예전에 나, 그 생활 했을 때 한집에 있던 언니. 요기서 만났어!

　　ㅁ (놀라며) 히?

　　ㄱ 아, 진짜…?

그러니까 내가 열여섯 살인가, 그때 만났던 언니 요기서 봤는데. 나 아는 체하지 마라. 거기 있었다 말하지 마라 그러더라고.

　　ㄱ 아, 그래요? 그분은 햇살 안 나와요?

나와.

　　ㄱ 나와요? 근데 왜 아는 체하지 말라…

아, 거기, 거기서 만났다 하지 말라 그랬어. 자기는 그냥 챙피한가 보지. 그러니까 나보고.

　　ㄱ 예전에 어디서 만났었어요?

예전에, 용주골. 박 씨 포주. 포주 이름이 박 씨거든. 그 집에서 만났 거든.

　　ㄱ 포주 집에 있으면 그 사람들 좀 친하게 지내요? 아니면
　　　다 따로 살아요?

나는 나이가 너무 어려서 그 언니들이 거의 다 나 싫어했지. 미군들 도 눈이 있으니까 젊은 여자한테, 이쁜 여자한테 가려고 했겠지. 다 나이 먹은 사람한테 가려고 했겠어?

　　ㄱ 음.

그 언니 요기서 만났어.

　　ㅁ 반가웠겠다.

난 (의아하다는 표정으로) 쓥- 어, 저 언니, 옛날에 그 언니네, 속으로. 내 바로 앞에 방 있었거든. 또 저 언니는 얼굴이 좀 넓적해서 (잠시 침묵) 맨날 주인한테 야단맞았어. 돈도 잘 못 번다고. 난 속으로 저

언니가 말 시킬까 기대했는데, 날 보더니, 야, 너 날 거기서 만났다 하지 말어라. 누구한테도 말하지 말어라 그러더라고. 그래서 나…

　　　　▣ 용주골에 있었던 게 뭔가 문제가 있나?

몰라. 그래서 알았어 언니, 그러고 말았지. 지금 보면 그냥 눈웃음으로만 (눈인사하는 시늉을 하며) 이렇게 하고 마는 거여.

　　　　▣ 이모들 중에 미군 상대 안 했다고 하는 이모들도 되게 많잖아.

몇 명 있나 봐. 근데 난 누군지 잘 모르겠어. 그 누구야, 가끔 이렇게 [밥] 당번 해주는 여자 있잖아.

　　　　▣ 응응.

목소리 쨍!쨍!하는 언니.

　　　　▣ 응응응, 회장님?

아니 회장 말고, 회장 옆에 앉았던 여자 하나. 뭐 한국 아들도 있고. 목소리 약간 차랑차랑한 여자.

　　　　▣ 어, 어, 파마하고?

응. 그 여자는 안 했다나 봐.

　　　　ㄱ 근데 안정리에 있는 것보다 용주골에 있었던 게 약간 더, 숨기고 싶은 거예요?

(모르겠다는 표정을 짓는다)

　　　　ㄱ 그 언니, 만난 언니는 안정리나 이런 데서 일하는 것보다 용주골에서 일한 게 좀 더 숨겨야 되는? 그런 거…

모르지 그거야 나는. 거기서 봤다 하지 말어라, 그냥 그러더라고. 나보다 나이 먹었으니까 알았어 언니 그러고 말았지.

***

앉어. 가만있어 봐. 신문지 얻어 올게.

    ㅁ 아니, 아니.

(집 안에서 고스톱을 치고 있는 사람들에게) 언니 신문지 있어? 어?

경빈이 들고 있던 롤케이크를 민주가 지니에게 전달한다

왜 사왔어. 학생 애들이. 돈이 어딨다구 빵 사와.

    ㄱ 저희… 돈 많아요.

    ㅁ ㄱ ㅇ (웃음)

    ㄱ ㅇ (집 안에 있는 사람들에게) 안녕하세요.

(큰 헛웃음) 얘-네들, 서울대생 애들이야!

    ㄱ (웃음)

(경빈, 은진에게) 앉어. 요요요요 의자에.

    ㅁ (집 안에 있는 사람들에게) 안녕하세요-. 서울대생…

    ㅇ (웃음)

집주인이 신문지를 가지고 나온다

어, 여기.

    ㄱ 그냥 앉아도 될 것 같은데.

    ㅇ 네, 저희는 괜찮아요.

    ㄱ 안 더러워서.

    ㅇ (파란 플라스틱 의자를 가리키며) 여기 지니 이모가 앉으세요.

(신문지를 나눠주며) 그냥 앉지 말고 신문지 깔고 앉아.

    ㅇ 감사합니다.

이거, 깔고 앉아.

    ㄱ 감사합니다.

　　ㄱ 아, 저번에, 예전에, 그… (집 안쪽을 흘깃 보고는 작은 목소리
　　　로) 입양 보냈을 때 홀트[홀트아동복지회]?에서 계속 왔었
　　　다고 하셨죠?

응. 그래서 애 갖, 데리고, 가지고 갔잖아. 데려다줬잖아.

　　ㄱ 그것 좀 자세하게 이야기해주실 수 있어요? 그니까 어떻
　　　게 찾아왔었고, 그 사람들이 어떻게…

그러니까 그때 내가 동두천 있었지.

　　ㄱ◑ 네.

그때 사람들이 와갖구-. 우리 애도 또 한국 싫어하더라고. 애들이
튀기라고 놀리니까-. 그래갖고 사람들이, 여자들이 와갖고 차라리
입양 보내는 게 안 낫겠냐고.

　　ㄱ 홀트에서 먼저 왔었어요?

응응.

　　ㄱ 어떻게 알고?

거기 이렇게 돌아다니지 그 사람들이-. 그래서 혼혈아 있으면은 이
제 찾아가는 거지.

　　ㄱ◑ 음.

　　ㄱ 그러면은 그, (작게) 무슨 말 하려고 했지, 홀트에서 여러
　　　번 찾아왔었어요?

그렇지. 첨엔 내가 생각해 본다고 그러고. 지네 아부지한테 보낼까,
생각 여러 가지 하다가-. 거긴 도저히 뭐 사람들이 학교도 안 다니
니까, 맹눈이니까. 차라리 그냥 양자 주는 게 낫겠다 판단 서서-. 갈
래? 그러니까 간다고. 마미 나 따라간다고.

ㄱ 음-. 그때 그럼 몇 살, 이었던 거예요?

한 아홉 살 됐나.

ㄱ (작게 웅얼거리며) 아홉 살.

아홉 살인가, 열 살인가 됐어.

ㄱ 그때 놀림받고 이런 거 심했어요?

그렇지.

ㄱ 그러면 거기서 와서 설득할 때 뭐 어떤 식으로 설득했어요? 미국에 대해서 설명하거나 이런 게 있었어요?

아, 그 인제, 자꾸 놀리니까, 껌둥이[라고] 놀리고 그러니까-. 차라리 입양 보내는 게 더 안 나[낫지 않냐] 이런, 여기 한국서 기르는 것보다. 70년도였으니까- 그때는 튀기 애들이 드물었지 좀. 자꾸 놀리고 그러니까 할 수 없이 델고 가는 게 안 낫겠나. 보내는 게-.

◉ 남편분이 인디언계라고 했었는데, 놀리기로는 또 흑인이라고 놀리고 그랬어요?

어-.

◉ 인디언이 뭔지도 모르는 때였나 봐요. 그냥.

(잠시 후에) 그렇지-. 까무잡잡하니까 그냥 깜둥이야 깜둥이 그랬지-.

ㄱ 설득할 때 뭐 미국이 어떻다, 입양 가면 어떻다, 이런 이야기도 했었어요?

씁, 뭐, 그렇게 설득하지 않구 입양 보내는 게 훨씬 낫다, 한국서 이렇게 놀림받는 거보다-. 그래서 그냥, 자꾸 찾아와-. 또 우리 애도 가고 싶다고, 미국 간다고. 갔다가 다-음에 오겠다고 지가. 찾아온다고. 글서 줬지 뭐.

◉ 저번에 말씀해주셨을 때는 고아원에 줘서? 입양을 보냈

다 이렇게 이야기하셨던 것 같은데.

그러니까 고아원에 갔지. 내가 찾아가 봤지 거기를.

⊙ 음-, 먼저 그쪽으로 이렇게…

주고? 인제 그리.

⊙ 주고? 거기서 입양 절차를.

응. 거기서 뭐 입양했, 보냈는지 난 어디로 보냈는진 모르되! 그 고아원을 내가 가 봤지. 부평에-.

⌐ 그게 뭐, 어디서, 정부에서 [운영]하는 그런 거였어요? 아니면은- 홀트?

그건 확실히 잘 모르겠어. 어디서 했는지. 근데, 부평에 그 고아원이 컸어. 그런 애들이 좀 많더라고. 내가 가 보니까.

⌐ 아, 그래요?

내가 들어가니까 우리 아들이 날 보고 (어린아이 목소리를 흉내 내며) 우리 마미다- 그러더라고, 걔가. (잠시 후에) 그래서 여기 좋나 하니까, 좋다 하더라고. 나는 이제 눈물밖에 나오지 않지-. 그니까 마미 날 보고 울지 말라고, 담에 지가 찾아온다고.

⊙ (조심스럽게) 그담에 혹시 연락 온 적 있어요?

없어.

⌐ 음.

⊙ 혹시 연락, 연락처 찾아보거나 그렇게 해 볼 생각은 없으셨어요?

(고개를 젓는다)

⊙ 왜요-?

왜냐면은 개가 잘됐으면 여기 딴 애들도 많이 나오잖아. 지네 엄마들 찾으러-.

ㄱ 네.

근데 걔는 뭐 잘 안됐으니까 안 찾으러 오는 거겠지. 잘됐어 봐-. (잠시 후에) 그 흑인 애들도 다 찾으러 나오고 그랬잖아- 저번에도-.*
근데 잘 안됐으니까 안 찾으러 오는 거겠지.

* * *

⊙ 아이에 대해서, 그, 미국에 있는 남편한테서, 연락이 오거나 그런 적은 없어요?

인제 안 하지 내가.

⊙ 음.

(작고 나지막하게) 안 하지.

⊙ 그쪽에서 초, 초반에는 연락 계속 왔었다면서요.

많-이 했지! 응-.

⊙ (경빈을 바라보며) 뭐 적십자? 적십자에서….

응. 렌 크로스[Red Cross]로-. 맨날 8군 적십자로 [연락을] 몇 번씩 했는데.

⊙ 전화가 온 거예요?

아니, 적십자로 인제 편지를 보낸 거지.

ㄱ 아-.

그럼 미스터 최가 나를 불러서, 왜 안 들어가시냐고, 이렇게 남편이 찾는데- 들어가시라고 들어가시라고. 나는, 들어가고 싶진 않아-.

---

* 한국 출신 해외 입양인을 지원하는 NGO 단체인 '미앤코리아Me&Korea'가 혼혈 입양인 모국 방문 프로그램(Mosaic Hapa Tour) 진행을 위해 햇살사회복지회를 방문한 적이 있다.

진짜로. 그리고 벌써 애는 줬고. 뭐 애라도 있었으면 내가 또 들어 갔을지도. 근데, 애는 벌써 없는데.

　　　ⓞ 음- 그러면 안 들어간다고 답장을 하거나 그러지는 않고? 그냥.

아, 들어간다 들어간다 들어간다 해놓고 안 들어간 거지 뭐.

　　　ⓞ (웃으며 작게) 그렇군요. 아이에 대해서도 이야기한 적이 없어요?

아, 신랑은 맨날 했지.

　　　ㄱ 음.

그냥 애는 잘 있다. 내중에[나중에]는 자꾸 물어서. 죽었다 그러니까 그러면, 시체라도 보내라. 그래서 아니, 또 살았다-!

　　　ⓞ (웃음)

병원에 갔다-! 자꾸 이렇게 내가 거짓말쟁이가 되잖아. 그담부터는 그냥 돈도, 안 받고. 돈이 왔는데, 비행기표 왔는데 안 가지고 나왔 어. 미스터 최가 적십자로 돈이 왔[다고 했]는데 안 받았어.

　　　ㄱ 한동안 계속 돈이 왔었어요? 그 전에는?

응응. 근데, 애- 가고 88년도서부터는 소식 끊겼어-.

＊＊＊

　　　ㄱ 그럼 보내고 쫌 있다가 바로 갔, 찾으러 가셨던 거예요?

(모르겠다는 표정을 짓는다)

　　　ㄱ 그니까 보내고 고아원 찾아가 보신 게, 한….

며칠 있다 갔지!

　　　ㄱ 며칠 있다가-. 음-.

(잠시 후에) 그리구, 걔 마지막 보고, 나오다가? 어떻게 화장실 갔는

데 내가 쓰러졌더라구-.

　　　ㄱ (놀라며) 허.

　　　◉ (놀라며) 그래요?

그 이유를 난 모르겠어. 쓰러져갖고? (바지를 걷어 다리를 보여주며) 지금도 이 다리, (반대쪽 바지를 걷으며) 이 다린가? 하이튼 흉!터가 이만큼-! 피-가 났어. (왼쪽 종아리에 있는 하얀 흉터를 보여준다) 여기다, 여기에.

　　　◉ 아- 그러네요. 아직도 하얗게 흉터가 있네요.

　　　ㄱ 아아-.

그래갖고. 피를 흘리고 쓰러져 있더라고 내가 화장실에-.

　　　◉ 누가 발견했어요?

어, 사람들이. 날보고 아, 일어나라구, 아가씨 왜 그러냐구-. 다리에 막 뭐가 흘러서 보니까 피가 났더라고.

　　　ㄱ 음.

그래서 약방에 얼른 들어가니까 하얀 가루 이렇게 발라주더라구, 약사가-. 그러고는 다시 안 갔어 거기에. 모르겠더라고 어딘지도. 생각도 안 나고.

　　　ㄱ 음-.

　　　◉ (잠시 후에) 왜, 쓰러졌던 것 같아요? 그게, 그 정신적으로….

응, 쇼크를 내가 받은 거 같더라고. 그래 마음이 아프니까 인제 88년도 여기 안정리 와갖고 포주 집 들어가갖고, 맨날 이런 생활 했지.

새소리가 들려온다

***

ⓘ (잠시 후에) 아 맞다. 그 남편이랑은, 정식으로 이혼을 안

　해서 아직도 결혼 상태라고?

응. 아직도 그 호적에 남아 있더라고?

　ⓘ 아, 그래요-? 이모가 호적, 이제 가족[관계]등록부 그건가.

응, 호적등본.

　ⓘ 그거 떼어 보면은 그럼 기혼, 이렇게 돼 있어요?

그 남자, 남편, 나오더라고.

　ⓘ 아- 그래요?

어. 애♡♡♡ ♡♡♡. 버지니아. 나오더라고. 그래서 내가, 아우- 이
남자랑 70년도[70년대]에 벌써 헤어졌는데-? (잠시 침묵) 이혼했단
그 서류도 또 복잡하데. 말하고, 걔한테 또 얘기해서, 미국에다 전-
화해서 걔가 또 보내고 이런 거. 복잡해! 돈도 들고. 그래서 놔둬버
렸어, 그냥. 내가 누구 딴 사람하고 결혼 또 할 것도 아니니까, 놔둬
버렸어. 세월이 거의 40년이 지났는데 뭐-.

***

🎏 햇살은 기독교[인] 할머니들만 오는 건가요?

그, 햇살에 다 교회 다니잖아. 교회니까. 나도 이제 교회 다녀.

　🎏 아, 교회 가세요?

응. 근데 나 누가 우리 집 오는 걸 싫어하니까, 그냥 매주 일요일만
열심히 교회 가.

　🎏 음- 언제부터 교회 가…

한 2년쯤 됐나?

　🎏 아-. (과자를 먹다가) 처음에 어떻게 가게 됐어요?

아, 내 동생도 교회 믿으니까. 내 동생이 자꾸 교회 다니라고. 좋다고. 그래서 나도 교회….

　　　　🔲 좋은 거 같아, 교회?

하나님은, 하나님은 있다고 봐.▼

　　　　🔲 응.

여기 고스돕 치는 간사님 있어.

　　　　🔲 아-.

그분이 인도했어, 교회 나오라고. 믿음 하나 가지면 좋다고. 그런데 옛날에, 옛날서부터 내가… 이런, 나쁜, 방탕한 생활이잖아 이것이? 말하자면은? 그리고 약을 모를 때는 술을, 위스키를 먹고 그랬을 때는, 나 하나님을 봤어 직접. 내가 막 방탕하게 미군들하고 난잡하게 놀고 하니까, 일어나거라-! 누가 그러더라고. 창문에 불빛 짝- 들면서, 음성만 들었어. 일어나거라 그래서 내가, 나도 모르게 벌떡 침대에서 일어나서, 네 주여, 이랬다고. 그래서 이상하다, 하고 지금이 몇 신가 하고 불을 딱 켜니까 새벽 2시더라고. 아- 하나님이 날 사랑하는구나.

대신, 내가 그 포주 집에 있을 때, 포주 집 아들이 정신이상자야. 갈비탕 사먹으러 나가다가 눈을 뜨니까 쓰러져 있더라구. 근데 너-무 아퍼. 내가 누워 있더라구. 그래서 옆방 언니한테 언니, 내가 왜 여기 누워 있어, 그러니까. 야 너, 너 대문에 나가는데 지욱[가명]이가 너 구둣발로 막 밟았대 허리를-?

　　　　🔲 ㄱ (놀라며) 헤-.

여기가 막 칼로 도려내는 듯이 아파, 허리가. 그래갖고, 언니 나 일 안 되겠다고, 포주 아주머니한테 그랬지. 나 병원에다 델다달라고. 그래서 박애병원에를 갔더니 움직일 수가 없어! 허리뼈가 여섯 대가 나갔다더라고.

ㅁㄱ (놀라며) 히-.

걔한테 맞어서. 걔가 막 짓밟았, 정신이상자니까 모르지, 걔도 나를 때린지 모르지. (과자를 먹는다) 그래갖고 박애병원엘 갔더니 의사들이, 반신불구[반신마비]… 그게 서른아홉이야, 그때가. 반신불구 된다고. 이-짜만[이따만 한] 바늘을 찔러도 아야아야 하는데 여기는 아-무리 찔러도 안 아퍼. (등허리를 가리키며) 이짝으로는. 그러니까는 서른아홉에 휠체어 타야 된다 이거야. 아우 그 소릴 들으니까 아우, 아-찔하더라 이거야.

내가 여기 이마에도 이만-큼 혹이 났댔어. 그 의사들이 묻더라고, 어떻게 하다 이렇게 됐냐고. 그래서 내가 넘어졌다 그랬거든. 근데 여긴 왜 이렇게 혹이 났냐고 그러더라고. 넘어지다가 그렇게 됐다고, 무조건 넘어졌다고 그랬거든 거짓말로. 그랬더니… 반신불구가 된다고 그러잖아! 반은 감각이 없고.

아 쟤가[지욱이가] 또 병원에 왔더라고. 근데 내가 툭 하는 말이, 선생님 쟤가 때려서 그래요-야. 나 빨리 우리 오빠한테, 서울에 연락하고 싶다고. 반신불구가 서른아홉에 된다니 이거 말이 아니라고. 그 아저씨가 유 대위라고 여 안정에서 유-명해- 포주. 그래서 내가 나, 반신불구 안 되고 싶고 오빠한테 연락하고 싶다고. 그랬더니 아저씨가 나한테 그러더라고.

(잠시 침묵) 김[지니의 성], 내가 육군 대위 출신인데… 그 아저씨가 육군 대위로 퇴직했어. 육군 대위로 재직했던 사람이 널 반신불구로 만들겠냐. 지금 의료보험 카드가 없으니까 내가 우리 딸 거로 해

갖고 너를 입원시킬 테니 오늘 하룻밤, 하루만 집에 가자 하더라고. 가면은 내가 우리 딸 의료보험 만들어갖고 너를 입원시켜주마, 그러더라고. 그 아저씨가 또 육군 대위 출신이라니까 설마 거짓말시킬까 싶어가지고, 아저씨 그럼 나 꼭 그렇게 해주세요 그러니까. 지금 돈이 너무 많이, 28만 원이 나왔다, 나 한 번만 사정 봐주라, 그러더라고.

아우- 나도 아들이 있는데. 지욱이가 제정신이 아니고 저렇게 또라이가 됐으니까 나를 그렇게 짓밟았겠지. 그래갖고 그다음 날로 퇴원했어. 퇴원해서 엠불란스 실려갖고 이렇게 포주 집으로 왔어. 이제 내 방으로 [와서] 그냥, 하루 종-일 누워 있는 거여! 담배 피우고 끄고, 밥도 누가 와서 떠멕여야 되고, 소변 대변 다 받아야 되고. 그러니까 옆방 언니가 와서 다 해주고 그랬어-. 그때 내가 하나님 믿었다고 봐. 그때 내가… 맨날 누워서 천장만 쳐다보고- 하나님 제발 나 한 번만 일어나게 해달라고… 매-일 기도를 했어. 13일 되는 날, 화장실 가야 되는데 아무리 옆방 언니 불러도 안 돼, 그래갖고, 하나님 나 한 번만 일으켜주면 내가 하나님을 위해서 전도하겠습니다… 내가 그 약속은 안 지켰어, 어?

ㅁㄱ (웃음)

그리고, 그때 돈이 없었어, 내가. 100원짜리 한 3만 원 있었어. 모아놓은 게. 하나님 내가 저거를 불우이웃돕기 구세군 냄비에 넣겠습니다. 내가 한- 번만 일어나게 해주시면은, 하나님을 위해서 내가 진짜 방방곡곡 다니면서 하나님을 위해서 일하겠습니다, 하고 막- 기도를 했더니. 진짜 13일 만에, 화장실 가야 되는데 아무 언니도 안 와줘서, 그때 한번 내가 일어나 보자 하고 벽을 짚고 일어났어. 일어나 놓고, 벽을 짚고 한 발, 한 발, 떼니까… 되데.

음-.

그래서 내가 서서 막- 울었어…. 하나님 감사합니다, 하고…. 그날 걸어갔고 오줌 누고 들어와갖고, 아 내가 이 집에 있으면 안 되겠다, 이 집에서 나가야 되겠다, 그 생각밖에 안 들어. 이제 한 발짝씩 움직이는데, 여기서 빨리 나가야겠다. 나가야겠는데, 모욕[목욕]을 해야겠다. 13일 동안 거기서 꼼짝 못했으니 모욕을 가야겠다 싶어서 아줌마, 나 모욕비 달라고. 그러니까 주더라고. 주면서 아니 너 어떻게 갈라고 모욕? 나 지금 한 발씩 한 발씩 걸을 수 있다고 하면서, 그때는 저기 내려가면 있는 수양닭집이 포주 집이었댔어, 거기서 모욕탕까지 몇 발짝 살살 벽 짚고 가갖고, 때 미는 아줌마보고 아줌마, 나 머리랑 한번 좀 다 감겨달라고 비누칠해달라고. 돈 주니까 그 아줌마가 다 해줬어. 또 집으로 살살 걸어가면서 아, 이 집에서 내가 나가야겠다… 여기 있다간 내가 맞아 죽어서, 뼈도 못 추리겠다 이 생각이 퍼뜩 들더라고.

그래서, 아저씨 저 가야겠습니다… 지금 내가 개우[겨우] 한 발짝씩 애기 모냥으로 기는데, 또 지욱이가 내 방 들어와서 나 때리면 이젠 진짜 죽는구나 해서 여기서 나가야겠다고 했더니 아저씨가 니 집에서 나가면은 반신불구가 돼도 안 고쳐준다, 니가 싸인하고 나가라고 그러더라고. 알겠다고 그러겠다고. 나 죽어도 간다고. 돈도 요구하지 않고 아무것도 요구하지 않고, 나 여기서 나가고 싶다고. 싸인했어! 그랬더니 차비 10불 주더라고, 아줌마가, 달러로. 나 잊지도 않아. 그니까 아줌마는, 유 대위 아저씨는 항-상 길에서 나를 보면, 김아, 잘 지내고 있냐고 깍-듯이 인사해 나한테.

그 집에서 나오고 나서, 내가 아는 동생 애들이 있어, 옛날에. 걔네 집 가갖고 있는데, 그 집에 있는 언니가 또 하나 팔이 뿌러졌대.

지욱이한테 맞아서. 팔이 뿌러졌는데 이제 ████████ 가서 고소한다고 나를 찾으러 왔더라고. 야 김아, 우리 같이 고소하자. 너도 허리가 그때 여섯 대가 금이 갔으니 어떻게 될지 모르니까 지금 고소장 쓰면 돈 받을 수 있다고….

그래서 아이, 언니 나는 포기할래. 이제 나는 내 발로 움직일 수 있으니까, 움직이고 내 발로 걸으니까, 언니 나는 고소 안 할래, 그 아저씨. 내가 그 아들이 정신이상자가 아니면 고소 충분히 하겠는데, 그냥 안 하겠어 언니나 해-. 그래갖고 그 언니는 해갖고 500만 원 받아먹었어. 은숙[가명] 언니는, 500 받은 건데. 그 언니는 죽었다. 언니랑 참- 친했댔어. 같은 집에 있으면서, 서로 또라이 약 먹으면은 낄낄거리며 웃고-, 그 언니는 참 내가 좋아했댔어. 그 언니는 (웃음) 약 먹고 나면은 파리가 날라다니면은 (합장하며) 아우 어버이 오셨어요, 이 지랄을 해. (웃음)

ㅁ ㄱ (웃음)

(웃음) 자기 죽은 엄마가, 파리가 돼서 나왔대구….

ㅁ (웃음)

그 언니 참- 재밌었어. 그리고 또, (혼자 생각을 떠올리다가 웃음을 터뜨린다) 침대 위에 올라와서 산-토끼 산토끼 노랠 부를 때도 좋았고. 근데 죽었어, 그 집에서. 거기서 500만 원을 받아갖고, 방을 읃어놓고 살았댔거든? 근데 아저씨가 막 술 먹고 와서, 응? 은숙아 니가 그럴 수 있냐, 니가 열여섯 살 때 내가 니를 우리 집에 데리고 왔는데, 지금 쉰이 넘고 몇십 년 우리 집에서 있었는데 니가 나를 고소할 수 있냐, 김 봐라. 얘는 허리뼈가 여섯 개가 갔어도 날 고소 안 했다…. 근데 어떻게 날 고소하냐, 니가 나한테 돈을 요구하면 요구했지, 어떻게 경찰서에 가서 나를 고소하냐, 그랬어. 맨날 그러니까 언

니는 그 동네서 못 살잖아. 집에 아저씨가 술 먹고 와서 땡깡 부리
니. 그래서 거기서 하복[하북]으로 이사 갔는데, 하복에서 오다가 차
가. 차에 깔렸어.

　　□ 교통사고-.

교통사고 났어. 뺑소니가 됐나 봐, 그게 나한테 연락이 왔더라고. 뼈
를 몸에다 열여덟 개를 박았어, 그 언니가. 내가 유 대위 아저씨[한
테] 은숙이 언니 하복에서 사고 났다더라고 그랬더니 또 유 대위 아
저씨가 가 봤나 봐. 이제 그 언니 뒷수속 다 밟아주고…. 어떻게 했
어. 해가지고 유 대위 집에 또 들어간 거야, 그 언니가! 나는 그때 평
택 살았지. 그래서 내가, 안정리 들어오면은, 아유 언니, 다리가 질
룩거려졌어. 왜 그리 또 들어왔어-. 그때 아주 나가던가 허지, 봐-
나도 그때 나와서 혼자 방 얻어놓고 잘만 살잖아, 왜 또 포주 집 들
어갔냐고. 근데 그 집에서 죽었어.

　　□ 음-.

하도 약 많이 먹고 어떻게, 깨나니까 죽었나 봐.

　　□ 음….

그래서 나는 하나님한테, 나 이렇게 살려주셔서 너무 고맙다고. 그
돈 그거 3만 원 들고나와갖고, 송탄 아는 동생네 집에. 그 집에 내가
옛날에 살았댔거든, 그 크럽에서 일 다닐 때.

　　□ 응.

그 집 큰딸이 여덟 살, 아, 열 살. 열 살- 여덟 살- 여섯 살. 딸 셋인
데. 영희[가명], 숙희[가명], 정희[가명]. 그래 그 집에 있을 때 내가 걔
네들 못사니까, 크럽에 가서 돈 벌면 걔네들 먹을 거 사다주고- 그
때 쌀 한 가마니가 7만 7천 원이었나 그래. 그 애, 첫째 영희가 쌀 한
봉지씩 사갖고 들어오는 거 보니까 너-무나 안됐더라고. 그래서 쌀

한 가마니도 사줬어.

근데 그때 내가 다치고 나서 갈 데가 없더라고. 그래서 영희네 집으로 들어간 거여. 그랬더니 걔네들이 나를 굉장히 반가워하면서 언니, 어떻게 하다가 이렇게 됐냐고- 그래서 걔네 집에 지내면서, 이 3만 원은 내가 써야 되겠다, 하나님한테 또 그랬어-.

　　📧 (웃으며) 으음-.

　　📧 으음-.

그 통에 못 넣겠다고, 내가 써야 된다고. 그거 갖고 막 라면 사먹고 그랬댔어. 그래서 그담 해에는 2만 6천 원, 내가 불우이웃돕기 그거에다가, 구세군 냄비에다가 넣었어. 나 파란만장해!

　　📧 그러네.

다 끊고, 안정리에서 나와갖고 평택에서 얘, 얘. 얘를 만나서 내가 이만큼 사는 거지. 그담 식구 찾고, 그러니까 내 맘이 이제 좀 편안-해지고. 다들 또 잘 있으니까….

　　📧 편안해 보여. 이모는 편안해 보여.

응. 편안-해. 내 마음대로 뭐. 쯧. 얘도 날 편하게 해주고.

　　📧 인상 쓰고 뭐 이런 것도 본 적 없고.

나?

　　📧 이모가 막 인상 쓰고 화내고 이런 것도 본 적이 없네요, 한 번도.

화낼 일이 뭐가 있어.

　　📧 응.

밥해기 싫다, 그러면 뭐 시켜 먹자, 그래 오케이. 어떤 때는, 고스돕 치고 들어오면 채리기 싫어, 밥. 시켜 먹자. 노[no]가 없어, 얘는. 그래서 내가 고맙다, 그러지 항상 마음속으론.

　　　　┑화내거나 싸운 적 없어요?

에?

　　　　┑그분은 화내거나 싸운 적 없어요?

읎-어!

　　　　　　　　　* * *

우리가 법원에 이기지도 못해- 그 맨- 쓰잘데없는 거 하고 있는
거야.

　　▣ 맨날 가면서, 왜- 이모 [공판 방청하러] 가잖아-.

야, [햇살사회복지회] 원장님이 가자고 하니까 가지.

　　▣ 응… 가야지, 그치. 가야지. 이길 거야! 지금 정권도 바뀌
　　　어서, 우리 부분적으로 승소는 했거든 이미.* 항소심 했으
　　　니까 될 거야-.

에허-. 쯧. 되지가 않아. 뭐.

　　▣ 되게 기대하고 있는데, 변호사들은? 정권 바뀌어서?

정권, 뭐. 문재인은 대통령 잘하고 있겠지만은, 이거하고 문재인하
고는 또 별문제여-?

　　┓ 아니, 근데…

　　▣ 그래도, 그래도 쪼끔이라도 나은 게 낫지.

　　⊙ 박근혜보다-는-?

　　▣ 훨씬 낫지. 응, 훨-씬 낫지. 박근혜보다는.

그거야 그렇지, 그런데 박근혜도 잘할 줄 알았잖아.

　　▣ 아니? 나는 안 그렇게 생각했는데.

　　┓ ⊙ (웃음)

나는 박근혜 잘할 줄 알았어, 몰라, 내가 여자라 했다면은 우리 아
부지 명-예-를 위해서 진짜 공부 많이 하고, 우리 아부지 얼굴에…
욕 안 먹여…. 누가 나쁜 짓 하자 해도 난 싫다 그래. 그래서 박근혜
처럼 저렇게 정치 안 한다 이거야. 내가 모르면은 딴 사람한테 물어

---

*　인터뷰 당시 국가 대상 손해배상소송은 1심 일부 인용 판결을 받은 뒤 쌍방 항소로 2
심에 계류 중이었다.

보면서, 이렇게 해 나가야지, 저렇게 병신같이 안 한다 이거야.

＊＊＊

    ⊙ 으음. (잠시 침묵) 맞다 이제, 그, 소송 2심 이긴 거 들으셨
      죠?

뭐가.

    ⊙ 소송- 그 국가배상소송이요. 2심 이겼, 잖아요.

어어어. 고등법원.

    ⊙ 들으셨어요?

응. 고등법원은 이겼구 이제 대-법원 갔다 그러더라고 원장이.

    ⊙ 네네, 그러더라고요.

(속삭이듯이) 근데, 그게, 말이 안 되지-.

    ㄱ⊙ (웃음)

    ⊙ 왜요, 왜요?

(잠시 후에) 우리가 뭐 일본 위안부하고 똑같냐-? 안 그래? 우릴 잡
아가서 강제로 그렇게 시켰으면 우리 당당해. 당당하지. 그치만 그
렇지는 않잖아-. 뭐 그래 딸-라 외화 획득했다 그거 한 가지고, 쪽!
팔리지 그래두. 챙피하지, 안 그래?

    ⊙ 음, 근데 성매매가…

응.

    ⊙ 그때 법으로, 나, 나라가 금지를 했었는데? 그런데도 막
      외화벌이다 애국자다, 이렇게 교육을 한 게-, 국가가 법
      어기는 거 알면서 했으니까 잘못됐다… 하던데요?

그건 맞어. 병원 검진받고 인제 그런 거…는.

    ⊙ 네네.

병 걸리면 수용소 가고 몸 깨끗하게 하고. 포주도 그래, 미국 사람들이 휴가 때, 일본 마이 가서… 하고 온다, 한국 여자 드러우니까.

　ㄱ아, 그런 말 했었어요?

그럼. 그러니까 포주가 인제 직접 또 주사 놔주지.

　ㄱ(놀라며) 헤-.

　◎아, 보건소에 데리고 가는 게 아니라 직접?

어, 아니야. 페니실링. 그거를 포주가 사갖고 와서 직접 놔줘.

　◎근데 그거 엄청 아프다고….

그거 무-지 아퍼, 페니실링 그거.

　ㄱ(놀라며) 헤-.

　◎그렇구나. 이모도 포주가 직접 놔준 적 있어요?

그렇지.

　◎그… 싫다고 하시지. 너무 아프잖아요.

아퍼도 뭐, 병 안 걸릴라면.

　ㄱ음….

포주 앞에서는 싫어, 안 받아요, 그렇게 할 수 없어. 다 맞어, 무섭거든. 하라는 대로 다 해야지…. 그때는 한마디로 뭐 병신이었지. 병신, 바보… 말도 못하고…. 포주가 이렇게 하라면 이렇게 하고 저렇게 하라면 저렇게 하고. 맨-날 약에 취해 있으니 뭘 알어? 한 달에 얼마 벌었는지 그런 것도 모르구 기냥, 돈 받았으니깐 방에 들어가는 거구…. 그거지, 뭐. 근데 그 사람들 아직 살아 있어.

　◎그때 포주… 포주 했던 사람들이요? 여기, 안정리에 살아요?

응.

　◎어머, 그럼 지나다니다 보이고 그러겠네요?

어, 나 보면 그래두 인사 잘해.

      ㄅ아 그래요? 나이가 그럼 이모보다 더 많지 않아요?

그렇지-. 여든 넘었지.

      ㄅ그런 사람들은 지금 뭐 하고 살아요?

자식들하고 살지 뭐. 근데 안되더라, 다!

      ㄅ음.

그 포주는 또 좀 유-명했어, 막 때리고 그랬어.

      ㄅ이모 집 포주가요?

어. 사람, 언니들을 많이 때렸어. 고무호쓰로 막 때렸어. 돈을 숨기거나, 미군한테 팁 받은 걸 숨기거나. 이제 그런 거는.

      ◉페니실린 안 맞으려고 하거나 그래도 때려요?

아니, 페니실링은 무조건 맞으래. 돈 쏙이는 거. 미군들한테 팁 받은 거 안 내놓으면은.

      ◉음.

      ㄅ이모는, 이모도 그 사람이 때린 적 있어요?

나는 팁 1원을 받아도 다 내놔, 나는. (잠시 침묵) 그래서 포주한테는 약간 귀염받았어.

      ◉음-. (잠시 침묵) 그때 그 포주 아들…이 막 때렸다는 그 집
        이죠?

웅, 그 집이여. (잠시 침묵) 허리 나간 거-.

      ◉그럼 자식들이랑 살고 있으니까 아들이랑 살고 있는 거
        예요?

그 아들 죽었어.

      ◉아…. 다른 자식들이랑 살고 있는 거예요?

그 아줌마 아저씨 대[자식 세대]들은 서초, 서초구에 살 거야. 지금은

몰라, 어디 사는지. 지금은 아줌마 아저씨 둘이 살아.

　　◉ 그래도 이모 그 소송, 이기면 배상금도 나오고… 근데 별
　　　로예요? (웃음)

(머뭇거리다가) 근데-. (잠시 침묵) 몰라, 주면 감사하게 받겠지만은.

　　◉ 돈이니까? (웃음) 어떤 게 맘에 걸리세요?

떳떳하지 못한 돈이지.

　　◉ 아-.

그게 뭐 떳떳해. 내가 뭘 잘했다고. 그냥 뭐, 원장님이나- 홍 간사,
유 간사가, 응? 쫓아다니면서 한 거, 우리는 뭐 한 것도 없잖아- 법
정에 몇 번 같이 가자 해서 간 거뿐이잖아. 그리고 뭐, 우리가 일본
위안부야? 아니잖아-.

침묵이 이어진다

　　┓ 근데 다른 이모들 중에는, 모두는 아니지만, 강제로 속아
　　　서 오신 분들도 있고. 그렇다고 하던데요?

대부분 이런 데 들어올 때 다 그래-. 다 돈 벌기 위해서 나왔겠지,
뭐. 내가 아는, 내가 알기로는 다 돈 벌라고 나왔어.

　　┓ 어느 정도 알, 아예 모르지 않았다고 생각하시는 거예요?

(잠시 후에) 처음에 나도 이런 덴 줄 몰랐지, 저 법원리, 파주에-. 미
국 놈하고 기냥, 미국 사람하고 술 같이 마시라는데. 그게 아니잖아.
무조건 상대하라는 거지…. 술 같이 먹구 그러면 팁 나온다, 첨에는,
포주는 그렇게 꼬시지. 그런데 그게 아니지…. 아이고, 이제 고만 말
해! 징그러!

　　ⵎ (웃음)

　　┓ (웃음) 네.

너무, 아휴-!

　　⊙ 고생하셨어요-.

　　▣ 오늘 하루 종일 했네, 이모.

　　⊙ 진짜로.

　　▣ 이거하고, 오전에도.*

아니, 그거는 괜찮은데- 아이구야, 옛날 생각허면 무섭다 무서워. 끔찍혀.

　　▣ 에이그.

(잠시 후에) 그 알약들을, 그렇게- 마이 먹으니-. 하루에 백 알씩도 넘게 먹으니, 사람이 제정신이겠어? 그런 거를 몇십 년을 먹어 봐. 속이 다… 망하지. 지금 맨-날 위장약 먹고. 옛날 생각만 하면, 어떨 땐 어우…. 꿈에도 꿔, 꿔져! 자지러지게 일어나서 보면, 아… 아니지, 지금은 아니지. 꿈에도 막 미국 사람하고 허-. (웃음) 거, 꿈을 다 꾼다니까, 내가. 이젠… 싫어. 죽으라 해도, 그래도 싫지 그런 거는. 가끔 그런 꿈꾸면은, 자지러지게 놀라. 그리고 5시가 싫어. 5시면 또 화장해야 되고… 방에 불 끄고, 아우. 손님맞이할 준비 하니까 또 약 먹고. 5시에 먹고 7시에 먹고 9시에 먹고. 11시, 12시, 이렇게 계속 먹으니까…. (나지막이) 싫어 이제는. 지금은 괜찮아.

침묵이 이어지고 새와 벌레 우는 소리가 더 크게 들린다

저번에 내 동생이 와서 그려. (잠시 침묵) 테블, 테이블 우에 내 약을 보더니, (흔들리는 목소리로) 언니 그렇-게 약을 많이 먹고 어떻게 사냐고…. (낮은 목소리로) 어떡하니, 언니가 아프니까 먹어야지. 쯧…

---

* 지니는 같은 날 오전, 햇살사회복지회에서 인터뷰를 진행했다.

언니 너무 불쌍하다고, 내 동생이 그러더라….

아침 약이 열세 알, 점심 약이 아홉 알, 밤에 먹는 아홉 알, 그러니까 위가 상하지 않어? 배가 아프지. 그래서 내 동생이 위 튼튼하게 해주는, 뭔 (너털웃음) 영양제, 뭔 영양제, 다섯 가지를 사갖고 왔어. 미국서 요번에 오면서. 확-실하니 몸 좋아질 거라고 그러데. 그거를, 내가, 뭐 심장 좋아지고 건강하고 뭐 모든 에너지를 도와준단 그 약을 세 알을 더 먹어 봐[보려다가]! 못 먹겠어서 딱 한 알만 먹어, 영양제. 동생보런[동생보고는] 맨날 먹는다고 거짓말시키는데, 안 먹어. 너무 속이 아프니깐. 옛!날로 되로 돌아가면은, 이런 생활 죽어도 안 하지…. (눈물을 흘린다) 얌전히 집에 있다가 좋은 사람 만나 시집가는 거… 그거지, 뭐. (눈물을 닦고 코를 훌쩍인다) 하….

⊙ 이모 진짜 건강하셔야 돼요.

아유, 건강은 뭐. 빨리 죽는 게 낫겠어.

▣ (큰 웃음)

진짜야….

◪ 그래도 요즘은 고스돕도 치고, 남자 친구랑도 있고 (웃음) 재밌지….

응응. 지금은, 지금은 그래도 약간 행복해.

⊙ 그럼요-. 오래 사셔야죠, 그러면. 이런 소소한 행복을 잘 누리시면서.

아니야. 그래두… 오래 살고 싶진 않아. (잠시 침묵) 막 속이 너무 아플 때는, 아유 그냥. 아무튼 여든 안으루, 일흔 몇 살 때 그냥 깨끗하게 죽는 게 낫겠어.

⊙ 요즘 백세 인생인데.

(단호한 목소리로) 아니야.

　　　　　◉ (웃으며) 아녜요? 안 돼요?

아유, 절대 안 돼.

　　　　　◉ (웃음) 너무 단호하셔.

여든 넘겐 안 살아. 안 살아.

멀리서 드릴 소리가 들린다

그거는 너무 추하고, 그건 안 되구. 일흔 몇까지 살면 고만이야, 인
생 종 쳐야지, 뭐. 아유. (잠시 침묵) 지금은 5시 되면 화장도 안 하고,
집에 가서 밥 먹구. 내가 자고 싶으면 자고-. 편안-해, 지금.▼

　　　　　◉ 이모 이제 고스돕 자리 났어요?

(담배를 꺼내며) 내 자리는 없어, 지금.

　　　　　◉ 아, 그래요?

　　　　　⌐ (지니의 휴대폰 케이스를 보며) 케이스 이쁜…. (웃음)

　　　　　◉ 어, 진짜-.

응. 내 칠 자리는 없어.

　　　　　⌐ 언제 나요?

안 나- 이제. 좀 이따 가야지, 집에. 얘가 또 데리러 오잖아, 일 끝나
면 이리로.

　　　　　⌐ 5시에 데리러 와요?

응. 그런데 그 영업시간이야, 5시가. (웃음)

　　　　　⌐ 데리러 오시잖아요.

응. 밥하기 싫음 안 하고, 우리 밥 시켜 먹자- 그러면 그리여- 그러
고. 옛날 생각하면, 꿈에라도 어우, 무서워. 맨-날 남자들. 어후- 징

그러워….

침묵이 이어지고 오토바이 지나가는 소리가 들린다

우리가 못 이겨-, 응.

  ◉ 이모는 대법원에서 못 이길 거 같아요?

응.

  ◉ 왜요?

  ▣ 이겨, 이겨.

  ◉ 이겨요-.

(코를 들이마신다)

  ◉ 배상금도 받고, 사람들 편견도 좀 벗겨지고…. 안 그럴까
   요?

에휴…. 그렇다고 뭐 한번 낙인찍힌 게 다시 살아나냐? 과거는 아
무리 과거라지만, 잊어 먹을 수가 없지. 내가 지금은 어, 옛날 생각
을 안 할라 그러지, 첫째. 그러나 잊혀지지는 않지.

오토바이 소리가 들린다

그니까… 5시 되면 막 화장하구, 준비 완료 해놓고 기다리는 거. (코
를 마신다) 그런 거만 안 한다 뿐이지, 아 싫어. 옛날 생각하고 싶지
도 않구, 또 잊어버릴라구…. 내가 오죽하면 병원에 가서, 응급실 어
떤 땐 많이 가. 작년만 해도 응급실 한 다서여섯 번 갔는데. 나 과거
를 잊고 싶댔어. 머리를 좀 빠개갖고, 옛날 일을 지워주든가 해주면
좋겠다구. 이 속이 너무 막… 아프니까. 그랬더니 의사가, 나보고,
그거는 자기 자신밖에 할 수 없다구. 그냥 차분-하게 마음 가지시
라고. 거 정신과, 정신과 약도 먹잖아.

⊐아, 그래요…?

어. 우울증도 있고, 막 두렵고 무섭고 이래, 밤 되면은. 그래서 약 먹고 있어, 계속. (잠시 침묵) 모르지, 아우. 오래 안 살고 싶어.

　⊙ 이모는, 음… 국가…가 원망스럽거나 그러지는 않으세요? 왜냐면 음… 실제로 그때도 불법이었으니까 보건소 같은 데나 이런 데서 알고서 이모를 구해줬어야 되는데 왜 안 구해줬을까, 이런 원망은 없으세요?

없어.

　⊙ 없으세요?

야, 뭐 그때 그런 생각 했었겠냐?

　⊙ 아니 뭐 그때-는 못 했어도, 지금 와서 생각하니 그렇다- 이런 거. 있으실 줄 알았죠.

그때 그럼 다시 안 나오지, 집을.

　⊙ 그러니까요. 집을 다시 안 나오게 해줄 수 있었잖아요, 경찰이.

(코를 마신다) 그렇지, 그 생각은 들지만. 뭐 어떡해. 이미 때는 늦은 거. (오른손에 있던 휴대폰을 왼손으로 바꿔 들고는 손을 턴다) 이제 다 됐어?

* * *

　⊙ 여기 고스돕 치는 분들은 어떻게 만났어요? 동네…에서.

아는 아줌마들, 다. (잠시 침묵) 저 사람들 옛날에 내가 뭐 했단 거 다 알지.

　⊐ 예전부터 여기서 사시는 분들이라?

응, 응.

　⊐ 그럼 예전에도 얼굴 보고 알던 사이였던 거예요, 아니

면…

얼굴 봤지, 말은 안 했지. (잠시 침묵) 저런 사람들 우리하고 말 하갔어? 그때는?

     ┑ 그럼 언제 친해지신 거예요?

인제- 이 생활 안 하고… (휴대폰을 왼손으로 들었다 오른손으로 들었다 한다) 지겨워, 이 생활도.

     ◉ 언제 이 생활 그만하셨어요?

내가 마흔여섯에 그만뒀나, 마흔여덟에 그만뒀나? 더 이상 못 하갔어, 더 이상.

     ◉ 그 전까지는 그 써빙… 써빙을 하셨던 거예요?

응, 웨이츄레스[waitress] 했댔지. 더 피스[클럽 이름]에서. 아, 저, 웨이츄레스가 아니라 그릇 닦았지. 컵 닦았어. 컵 닦아도 밤새 닦잖아. 그래서 내가 힘이 들더라고.

     ┑ 그건 언제까지 하셨어요?

그건 한두 달밖에 안 했어.

     ┑ 아, 그래요?

그건 두 달밖에 안 했어. (양손 사이에서 휴대폰을 자꾸 옮긴다) 됐어?

* * *

(은진에게) 너는 대법원에서 이길 거 같아?

     ◉ 저는 이길 거 같아요.

그래? 허.

     ◉ 정권이 바뀌었잖아요-. (웃음)

(부정의 의미로) 에-!

     ◉ 아니에요? (웃음)

정권이 바뀌었다고 뭐 이겨?

경빈, 민주, 은진이 서서히 짐을 싸고 일어설 준비를 한다

⊙ 그래도 이제 법대, 저는 법대 다니는데….

▣ 법대생이에요, 또.

⊙ 네- 맞아요.

변호사 할 거야?

⊙ 아뇨. 변호사 말고, 법 연구하는… 그 연구직이 있어요. 그
래서 판사나 변호사님들 얘기 들어보고 하면…

어.

⊙ 대부분, (숨을 들이마시며) 쪼끔, 한 5년 전까지만 해도 인
식이 별로 안 좋았던 거 같은데, 이제는 국가가 잘못한 거
맞고.

아, 그래?

⊙ 옛날 정부가 잘못한 거에 대해서는, 지금 정부가 제대로
짚고 넘어가야 발전이 가능하다? 뭐 이렇게- 의견이 바
뀌었더라고요? 그래서.

음. (웃음)

⊙ 전 될 거 같아요. (웃음)

그래?

⊙ 네.

아 되믄 좋구! 안 되믄 뭐…

▣ 말구-. (웃음)

어, 말구. 아이구.

〈데뷔〉 00:08:31, 2018

아홉 살 소녀가 상상하는
어른들의 사랑 이야기

지니의 사랑 이야기, 또 그 이야기가 물꼬가 되어 세 저자가 나눴던 연애담을 민주의 조카가 들은 후 시나리오를 쓰고 연기했다. 저자들이 '이모'라고 부르는 지니의 사랑 이야기를 듣고 해석한 것처럼, 조카가 저자 '이모'들 그리고 저자들이 해석한 지니의 사랑 이야기를 재해석한 것이다. 지니의 연애담이 촉발시킨 아홉 살 초등학생의 상상은 누구나의 사랑을 마음속에 그려볼 수 있게 한다.

Ⓜ 이모 저희가– 책을 하나 만들라 그래요.

무슨 책.

Ⓜ 그냥 이모들 얘기 모아가지고 책 만들라 그러는데? 어때
요?

내가 뭘, 이모[민주]한테 도와줄 거 있나?

Ⓜ 아, 우리가 질문이나 이런 거를 할 거예요. 예를 들자면,
어, 옛날 얘기를 할 수도 있고 아니면 요즘 어떻게 지내
요– 뭐 이런 얘기도 할 수 있고.

뭐, 안정리[에] 대해서 질문한다는 거야? 그건 아니갔지?

Ⓜ 그렇게 직접적으로, 햇살에서 했던 식으론 안 할 거예요.

글쎄 그 스타일인데 좀 다르다 이거지?

⏋ 네. 그니까, 안 하고 싶으신 이야기는 안 하셔도 되고. 하
고 싶은 이야기.

Ⓜ 어, 하고 싶은 얘기만 하시면 돼요.

내가 왜 그거 물어보냐면은.

┑네.

학교도 못 다녔어요- 왜냐! 계모가 여자는 공부하면 안 된댜. 당신 자식은 공부 가르치면서, 알아요? 그리고 나니까 머리에 들은 게 없잖아-. (잠시 침묵) 서울역 저 뒤편에 어느 식당에서, 옆 편에 식당 언니가 나보다 한 살인가 두 살 더 먹었어. 일로 오지야. 뭐 하는 건데, 그랬더니 클럽 옆에 옆집에 가서 잠만 자면 된대.

이, 뜻을 모르니까는 그쟈[그저] 따라오는 거야. 그때 나는 덜렁 덜렁, 그 사람은 딴 데로 보내고 난 일로 온 거야. 왔더니! 미군들하고 자야 된다는 거야-. 여기 와서 안 거야! 그렇다고 머리, 머리에 든 것도 없고? 어른들이 시키는 대로 들은 거여-. 그러다 보니 이때까지 여기 있는 거여. 학대를 받고 자라니까 어디서 다니기가 싫은 거야…. 여기 와서도 언니들한테 왕따 당했어.

▣ 음, 아….

그거를 떨치지를 못하고 지금, 교회서 놀러 가자 그래도 안 가고 방구석밖에 몰라. 햇살센터도 제주도 여행 보내주잖아? 안 가! 가면 이제, 시골 한 번 들이다보는데. 고향이 제주도거든? 거기서 열세 살, 열네 살까지 살았거든. 지금 많이 변했지만. 그런데, 겁이 나서 못 가는 거야. 내가 태어난 데가 표선면 세화리야!

▣ (반가운 듯이) 아, 표선면-.

어. 표선면에 세화리야.

▣ 지금 제-일 핫해.

핫?

▣ 아 그니까, 제일 사람 많…

바뀌었을 거여.

▣ 사람들 많이 거기 가요. 제일 많이 가요.

⬕ 번화해가지고 약간.

내가 서울에 올라올 적에 뻐-스 길을 만들었었어. 그전엔 버스 길이 없어. 섬이니까. 섬만, 삐-잉 돌아가면서[도는] 길밖에 없었어. 마을에 오는 차가 없어. 거기서 살다가 일로 와갖구- 지금도 누가 어디 가자 그러면 안 가. 또 왕따 당할까 봐.

    ⬓ (웃음) 그래서 이모, 어때요? 저희가 그냥 세네 번? 네 번
         정도 이렇게 방문을 해서, 질문을 하구, 카메라를 들이델
         거예요.

근데, 내가 얼굴 나와두 된다 안 된다 한 거는? 어붓[의붓]동생들이 있잖아-.

    ⬓ 안 되면, 얼굴 안 나오게 할게요.

왜냐면은 지금 작은엄마가, 80이 넘으신 분, 살아 계셔-. 그분이 어느 정도, 몇 년을 날 도와주셨어. 쓥. 그리고 업둥이 동생도 있고. 그래서 내가 얼굴 나오는 거를 안 하지, [그거] 아니면 뭐 얼굴 나오든가 말든가 신경 안 써.*

* * *

    ⬕ 그럼 저희 다음 주나…

    ⬓ 연락을 드리고 찾아뵐게요.

    ⬓ 혹시 집에 계속 계세요? 저희가 언제 오는 게 편하신지…
         주말, 주일 빼고.

어-. 보통 때는 집에 있고. 화요일에 햇살센터 가. 수요일에 속회

---

* '윤선'은 스스로 정한 가명이다. 작은어머니가 자신의 딸과 같은 돌림자로 지어 불러
줬던 이름으로, 현재 남은 가족 중에서도 작은어머니만 알고 있다고 한다.

예배 봐, 집집마다 다니멍서. 그 우리 구역에 몇 사람 있거든. 그리고 주일날 교회 가고. 그거뿐이야! 어딜 안 다녀.

🅜 그럼 저희가 오기 전에 연락을 드리고, 방문하는 걸로.

어. 그러니까 월요일 아니며 목, 금, 토. 그때는 집에 있어. 오면은 아주 집에 있으니깐. 화, 수, 일 그것만 빼고.

🅜 응응응응. 알겠습니다.

혼자 있으니까 그거나 다니는 거야. 딴 거 없어. 만약에, (문을 가리키며) 여길 뚜드려서 안 되면, (창문을 가리키며) 얘를 뚜드리라고.

🅜 🅖 아-.

얘는 문이 세 개야. 오늘 날이 따뜻했기 땜에 [안쪽] 문을 열어놔서 들린 거야. 글[그렇게] 안 하면 안 들려. 그니까 와서 문을 뚜드리다 안 되면은 (창문을 가리키며) 얘를 뚜드리라고.

🅜 🅖 알겠습니다.

자꾸만 말하는 것

(접시에 찰옥수수 네 개를 가져오며) 나는, 이거밖에 없어.

　　回 아이구, 나 너무 좋아.

　　◐ (웃음)

뎁혀놨어!

　　回 찰옥수수네요!

어. 가끔씩 이거 해놨다가 뎁혀서 먹는 거야! 지금 뎁힌 거야! 한번

먹어 봐.

　　ㅋ 감사합니다.

　　◐ 감사합니다. 오, 진짜 따뜻하네요.

오기 전에부터 뎁혀놨지-!

＊ ＊ ＊

민주가 카메라 삼각대를 들고 이리저리 움직인다

　　回 (옥수수를 입에 문 채) 아 싱경 스지 마[나 신경 쓰지 마]. (웃음)

　　ㅋ◐ (웃음)

🄼 어떻게 찍으면 잘 찍을까? 아 진짜.

(옥수수를 먹으며) 나도 몰라.

🄼 🄶 🄞 (웃음)

아니, 어릴 적에는 사진 괜찮게 나와. 나이 먹으니까 사진이 안 나와- 그래서 내가 사진을 될 수 있으면 안 찍을라 그래. 겨-우 저거 나온 거여! (벽에 걸린 액자를 가리키며) 저것. 50대 쪼끔 넘었어.

🄶 음 잘 나왔다. 예쁘…

저거.

🄞 저거 언제 찍으셨어요?

50대 지나서. 그때 늙었는데도 약간 젊게 해달라고 해갖고 저렇게 나온 거야. 이 사진이나 저 사진이나 똑같은 종자야. 그런데 이게 나이가 더 먹었잖아. 이거는 저 햇살센터에 사진 찍는 분, 그분이 찍어준 건데, 이거는 나이가 더 먹었잖아. 저것보다.

🄞 (액자를 가리키며) 여기 요 사진은 누구셔요?

아부지. 저거 하나, 하나 있어.

🄞 어쩐지 되게 닮았어요. 코랑, 이런 데가.

얼굴이 닮았잖아. 나는 아부지 많이 닮았어.

🄞 네, 그런 거 같아요.

(코를 들이마신다) 지금 안 계셔.

🄞 돌아가셨어요?

돌아가신 지 한… 7, 8년 되나 봐.

🄶 그럼 여기 오고, 오고 나서도 만나셨어요?

어.

* * *

윤선이 몸을 일으켜 장식장에 있는 앨범을 가지고 온다

(약지로 아버지 사진을 짚으며) 이 사진이 저거지.

　　⊙ 맞네요, 맞네요. (웃음)

중략

　　⊙ 친어머니는 사진 없으세요?

없지! 딴 데 재가하고 가서 없어. 내가 태―난지 한 달 만에 이혼했던 거 같어.

　　ㄱ 음.

근데, 일고여덟 살 때 엄마 만났어. (코를 들이마신다) 그리고 마지막으로 본 게 열두 살인가 열세 살인가, 얼굴 까먹었어. 거기 가서두, 동생이 셋인가 넷인가 될 거야 아마. 생각나는 거는 의붓아버지가 날 데리고 당신 엄마네 집에 갔었거든?

　　ㄱ 의붓아버지가?

　　⊙ 의붓아버지의 어머니.

의붓아버지가 되지. 엄마가 재가했으니까. 엄마의 남편이 날 데리고 당신 엄마네 집에 데리고 갔다고.

　　ㄱ 아 네.

(큰 목소리로) 그게 어려운, 저거여!

　　ㄱ 네.

　　⊙ 그쵸.

그 가서 할머니― 할머니 하고 했는데. 그거 기억 지금도 안 잊어부러. 그게 어려운 거여―. 전남편의 자식을 어떻게 델구 가―. 싫어해, 질색을 해버려. (누그러진 목소리로) 지금도 그분은[할머니가] 살아 계시는지 모르겠지만 생각이 나.

　　◉ 음.

얼굴 다 까먹었어, 어릴 적에 계모가 너무 저걸 해가지구! 때리지는 않어. (손등을 비틀어 꼬집는 시늉을 한다)

　　◉ 꼬집어요?

이게 얼마나 무서운 학댄 줄 알아. (웃음을 터뜨린다) 때리진 않어. 삐틀어서 그렇지. 그래도 날 잘, 가르쳤다는데? (잠시 침묵하다 작게) 말도 안 되는 소리.

　　◪ (잠시 후에) 그럼 새엄마가 와서 또 동생들도 있었어요?

새엄마? 어릴 적?

　　◪ 응, 응.

어릴 적에 동생 안 태어났는데 날 데려다가 키운다고 해갖고 학대를 한 건데 뭐. 그걸 떨쳐야 되는데, 떨치지를 못 해-.

　　▣ 왜 그럴까?

몰라. 하이튼 성격도 대단한 사람이야. 지금 생각하면.

＊＊＊

(옥수수를 먹으며) 계모 때문에 나 여기 와서 사는 거여.

　　◉ 여기, 이 집 구해주신 거 말씀하시는 거예요?

　　◪ 안정리….

계모 땜에 내가, 도망 나와서 여기 사는 거라구. 오죽했으면 도망 나왔겠어!

　　◪ 몇 살 때 나오신 거예요?

69년도.

　　◪ 한 열여덟 살 쯤? 맞나.

열여덟, 열아홉 되나 봐. 계모가 아주 지랄 같았어.

　　　■ 이모 여기 안 왔으면, 뭘 했을까요?

모르지! 여기 안 왔으면 내가 죽든가 어떻게 했겠지. 못 배겨갖고.
(커피 마시는 소리)

　　　■ 그래도 그런 거 있잖아. 어렸을 때 뭐 하고 싶은, 되고 싶
　　　　었던, 장래 희망. 그런 거 있잖아.

우리 저, 새엄마허고 살면은 그런 것도 없어.

　　　■ ◉ (웃음)

　　　■ 없어?

없어. 당신이 최고고, 당신 자식 일이 최고여. 에이그⋯ 쯧. 그래서
지금도, 친엄마한테도 학대받고 계모한테도 학대받고 그런 거 나
오잖아-. 다, 옛날부터-. 쩝. 이 사람은, 징그러. 거 추운데도! 빨래
를 그, 저, 냇가에 가서 찬물로! 애헌테 가서 빨아오라고 하는 사람
이여! 겨울에. 그때 아마 여덟아홉 살 됐나 봐. 그케 추운데 찬물에
빨래허면 빨래가 져?

　　　◉ 음.

(커피 마시는 소리) 그 월경 팬티를 갖다 찬물에 빨아오면 지느냐고!
고-대로 있지. 그걸 제대로 안 빠느냐고 뚜드려 패는 여자야, 무얼!
(잠시 침묵) 그러니까 내가 더 싫어하지. (웃음) 어릴 적에⋯ 계모하
고, 열두 살 때까지 산 거 같아. 지금도 기억나는 건, 병아리. 병아리
그 쬐끄만 거 이쁘잖아. 까마귀가 오면은, 풀 속이든, 요만한 구멍에
들어가 숨어. [그런데] 까마귀가 그거 물고 하늘로 날아가부렀어. 그
걸 안 찾아온다고 날 뚜드려 패. 하늘로 날아가부렀는데 무슨 재간
으로 찾아와?

　　　◪ 그럼 아빠는 구박하는 거 잘 몰랐어요?

아빠는 몰랐지. 그리고 내가 얘기를 안 하거든. 아빠는 몰랐지.

　　⊙ 왜 얘기 안 하셨어요?

그거 얘기하면은, 부부간에 쌈이 나지, 무얼⋯. 그거 싫어가지고 얘기 안 허구 어디로 가버리냐 하면은, 우리 엄마 집으로 도망가버려. 그것도 큰길로 안 가. 담 넘어서 넘어서 도망가는 거야. 그럼 딴 사람 안 보잖아, 모르잖아. 그래서 우리 엄마 집에 가서 살다가 의붓아버지가 당신네 집까지 날 데려갔다는 소리가 나온 거여-.

　　⌐ 그래서 엄마네 집에서 얼마나 사셨어요?

한⋯ 3, 4년 되나 봐. 왔다 갔다 하면서. (커피 마시는 소리) 엄마네 집에서 사는 게 더 편했어. 쯧. 의붓아버지가 당신네 집엘 어떻게 데려가냐구. 웬만해서는, 신경 써요-. 그런데도 날 데리고 간 거여. 당신 애가 셋이나 있는데도. 몰라! 뭐라고 얘기했는진 모르겠으나. 지금도 그 생각이 나. 그분, 보고 싶어.

　　⊙ 고마운 마음이라⋯.

응. 어⋯ 엄마가 돌아가셨을 거야, 아마. 엄마가 아부지보다 세 살인가 네 살 더 먹었다구 그랬거든. 쩝.

　　⌐ 그럼 작은엄마는 그냥 아빠랑 살 때 잘해줬던 거예요?

새엄마가 (커피 마시는 소리) 지랄 같은 거여. 지금 작은엄마는, 아부지 동생 마누라. 그분하고는 몇 년 안 살았어! 그분은 나헌테 잘했지- 딸처럼.

　　⊙ 그분하고는 엄마 집에 산 다음에 같이 사신 거예요?

그분은 내가 어릴 적에 몸이 아팠어. 아픈데도 나한테 잘했어. (침을 삼킨다) 그런데, 계모가 지랄 같아서 그런 거지. 계모 때문에 내가 여기 와서 사는 거여.

　　⊙ 되게 원망스러우세요?

아유, 원망스럽지! 오죽하면은 아부지하고 새엄마하고, 당신 자식이 갈라지게 했어. 오죽했으면 그랬겠어. 무슨 말인지 알어? 만일 요거이 부부잖어. 그런데, 당신이 낳은 자식이, 엄마[한테] 아빠허고 기냥 헤어지라고 한 거여. 오죽 지랄 같으면 그랬겠어. 고모가 그 소리 해서 알았어.

⊙ 음. 새어머니는 지금은 돌아가셨…

양로원에 있대.

⊙ 양로원에 계세요.

응. 여름엔가 작은엄마한테 전화했더니 양로원에 있대. 그래서 내가 그랬어. 나를 여기 보내놓고, 양로원에를 왜 갔냐고. 그 소릴 했더니 작은엄마가 웃어. 내가 가끔 작은엄마한테 전화하거든. 어른이라고 허면 우리 작은엄마 한 분뿐이니까. 고모도 지금 양로원에 가 있다고 그러더라고.

⊙ 새어머니 한번 만나 볼 생각 했던 적 있으세요?

(세차게 고개를 젓는다)

⊙ 없으세요? 보기도 싫으세요? (웃음)

보기도 싫어! 보기도 싫어.

* * *

⊙ 그 열넷, 열다섯 살 때 서울 올라온 다음에 새엄마가 다시 서울 와서 또 같이 살게 됐었던 적이 있었어요?

응. 고 바람에 집 뛰쳐나온 거야. (웃음) 그게… 열일곱, 열여덟? 되나 봐.

⊙ 그때 집 나오자마자, 바로, 기지촌 생활 하신 거예요?

응. 기지촌으로 들어와버린 거여. 옆에 사람[식당 언니]이 얘기해줘갖고 기지촌으로 와버린 거야. 여기로 오면은 금방 못 찾잖어. 그리고 찾으러 와도, 주인이 안 내줘. 아가씨들 빚이 많이, 있기 때문에 맘대로 안 내줘! 주인이 그 돈을 받아야 되니까. 빨리 못 허니까[내주니까] 차라리, 여기가 낫겠다고 하고 일로 기어들어와버린 거야.

ㄱ 작은엄마가 못 찾게요?

작은엄마도 찾으려고 했겠지만은…

ⓞ 새엄마가 못 찾게.

ㄱ 아, 그 새엄마, 새엄마.

그래, 일로 와도 새엄마 찾지도 않어- 성격이 지랄 같아서!

ㄱ 그래서 아까 새엄마 때문에 이렇게 됐다고 하신 거예요?

응, 응.

* * *

내 생모는 내가, 태어난 지 두 달인가 세 달인가 돼갖고 이혼했다 그러더라고. 나 키운 사람은 할머니하고 막내 고모야. 그래서, 계모가 하도 못살게 굴면은 몰래 도망가는 거야, 엄마 집에. 그러다가 작은아부지 아는 분이 나를 데리고 서울로 올라온 거야.

ⓞ 아 그게 이제…

작은아부지가 불러갖고. 그래서 내가 좋-다고 따라, 나선 거야! 계모가 때리지는 않어. 딱 잡아 (꼬집어 비트는 시늉을 하며) 휘-익.

ⓞ 음.

이게 무!서운 학대거든. 온몸이, 나중에 꺼-매. 그게 무서운 학대야-. 그래서, 먼 친척 언니가 애기를 봐달라구[봐달라면서] 나를 데리고 갔어!

ⓞ 서울 올라온 다음에요?

아니. 서울 올라오기 전에.

　　◎ 음.

그래서 할머니 할아버지가 뭐 사먹으라고 옛날 100원짜리 지폐 돈, 그거는 진짜 비싼 거여, 지금이야 아무것도 아니지만. 그거를 주니까 우리 계모가 싹! 뺏어 간 거야. 그리고 그거를! 살림에 안 보탰어. 당신이! 다 사먹어! 그걸 알기 때문에 그로부터는…

　　◎ 일 안 하고….

일은-! (큰 목소리로) 나 시켜놓고 잠이나 자는 거야! 그런 사람이 뭘! (잠시 침묵) 오죽하면은 당신이 낳은 아들이 이혼시켰어-. 아부지하고 엄마하고 이혼시켜버렸어.

　　◎ 맞아요. 그 얘기 해주셨었어요.

응. 고모네 집에 한번 갔더니 고모가 얘기하더라고. 오죽하면은 친부모[를], 이혼시키느냐 이거여. 오죽하면! 지금도 가-끔씩 작은엄마한테는 전화해. 이북 사람이거든. 전화를 헌대. 아니 그 사람이랑 왜 전화하냐고 그랬어 내가. 내가 질색을 하거든. (웃음)

　　◎ 음.

나를 이렇게 만들어놓고! 왜! 전화하느냐고.

* * *

ㄱ 이모는 언제부터 교회, 기독교 믿기 시작했어요?

(잠시 후에) 나도… 그거를 신경을 안 써갖고…. (잠시 침묵) 한 20년 가까이 된 거 같어. 전도받아서 나가갖고. 친구 없이 외따구로 살아가다 보니까, 어데 가서 말을 못 해. 친구가 없어. 왜냐, 여기서요, 자취 생활 하면서, 아가씨 하나가 놀러도 오고 밥도 먹고 했는데. 한 달 내-내 와서 밥을 먹는 거야. 신랑도 있어요, 외국 사람하고 동거 생활. 같이 와서 밥을 먹는데, 온다 간다 말도 없이 미국 간 거여. 근데 또 왔어요. 가라 그랬어. 나 너 보기 싫어. 나중 봤더니 전라도야, 아가씨. 지금도 전라도 사람은 싫어하잖아요-. 전라도 사람은 옛날부터 유명하잖아요. 그런데 전라도래요. 그래서 아이고 맙소사 그랬더니 아줌마들이 웃어.

그래, 지금 어디 가서 사는지 몰라요. 미국 가서 얼굴, 수술 싹-해갖고 나왔더라구. 나한테 오면 내가 그걸 모르나. 알지요. 가라 그랬다니까, 오죽하면. 오죽 질렸으면은. 한 달 동안 둘이 와서 밥 먹는데 쌀 한 톨 안 사왔다니까요! 그런 앨 누가 좋아하냐구. 둘이 밥 먹으면요, 문 걸어 잠그고 밥 먹어요. 내가 들어가서 먹을까 봐. 그러고 나서 누구 새귀기가 싫어…. 지금도 그렇지만, 웬-만해서 어딜 가서 누굴 안 새귀어요.

⊙ 음, 그러면 누구 새귀는 대신에 교회 가서 이야기를 하시는 거예요?

교회 가고 예배만 보고, 햇살센터 가서 예배만 보면 집으로 직행! 그걸로 땡이에요.

ㄱ 그런데 그, 하늘나라 가셨다는 분은 그 이후에 친해진 거 아니에요?

그 사람도, 성격 대단한 사람이여….

⊙ (웃음) 어떤 분이셨어요?

그 사람이요…. 하루 종일 옆에 같이 있어야 돼.

⊙ 아-.

한 몇 시간만 없으면 나 찾으러 헤매. 그게 얼마나 진력나는지 알아요? 나중 봤더니 성격이- 항시 같이 붙어 있어야 되는 거여. 아유 맙소사 그런 사람이… 첨엔 몰랐어요. 그 사람 가고 나서 안 거야, 성격이 그렇다는 거를. 내 앞에서 꼭 붙어 있어야 돼. 나는 성격이 남자 성격처럼 털털해요. 그 사람은 꽁-해가지고 같이 있어야 돼. 으이구, 그 사람 생전에 빨래란 빨래 다 해줬슈. 오래전 내 말 들었으면 그 사람 지금, 한 몇 년 더 살았을는지. 두 번 쓰러졌어요. 그런데 병원에 가재도 안 가더라고.

⊙ 어, 왜 안 간대요?

자고 나면 괜찮다고.

⊙ 괜찮다고-.

세 번째 쓰러져갔고 강제로 병원에 델고 가버린 거야 내가. 갔더니, 합병증으로 딱 나와버린 거야. 합병증은 치료가 안 된대요. 병이 여-러 가지가 있어갖고. 그래서 담배 끊어라, 끊어라, 하니까 끊더니 도로 피워. 그런가 보다 했어. 세 번째 쓰러졌는데 팔이 말을 안 듣더라고. 그래서 일요일에 내 일한[일하는 곳] 주인한테, 그분도 돌아가신 분 알거든요. 병원에 가야 된다고 해서 빠지고, 쉰다고 헌 사람들 붙들어서 일하라고 해놓고 병원엘 갔다요. 갔는데, 합병증이라고. 병원에 입원한 지 2주 만에 갔어. 그 사람 처리 다- 하는데 [햇살사회복지회] 원장님, 그분한테 도움받고.

⊙ 아, 장례 치르는 걸요?

에. 그 동네 이장님허구. 그래갖고 무사히 장례 치르고 다 했다니까

요. 그것도 고맙지, 누가 그렇게 해줘요- [죽은 사람과는] 남남인데. 성만 같아요. 성만 같은데 성격은 지랄 같아.

　　　☐ 그러면 그분 돌아가시고 나서 담배 끊으신 거죠?

에. 에. 그분 있었을 때 담배 네 번을 끊었어요. 옆에서 자꾸 깐족대고 사오는데 도로 물고, 도로 물고….

　　　☉ 힘들죠, 누가 이렇게 피우면.

그 사람 가고 나서 담배, 완전 끊었어. 담배 끊고 나니까 돼지처럼 살쪘어.

　　　☐☉ (웃음)

　　　☐ 아니 마르셨는데.

　　　☉ 진짜, 진짜 아닌데.

아니여. 나 원래 어릴 적에는 몸이 40키로도 안 나갔었어.

　　　☉ (놀라며) 헤엑.

딴 사람들이 폐병 환자로 봤어. 어느 정도 말랐어야지. 담배 끊고 나니까 55키로까장 나가. 지금 50키로 넘을락 말락 해.

　　　☉ 지금 더 건강하신 거죠, 뭐. (웃음)

지금 양쪽 다리, 그리고 요거. (오른발을 보여준다)

　　　☉ 응, 거기 아프시다고.

(왼발과 나란히 보여주며) 요것도 벌써 다르잖아요.

　　　☉ 으응, 이쪽이 더 튀어나왔어요.

이쪽이 더 아픈 거야.

　　　☉ 응. 이거 뭐라 하지.

　　　☐ 무지외반증.

　　　☉ 어- 맞아, 맞아.

　　　☐ 저도 있어요.

◐ (웃음)

그래서 갔더니, 병원에 갔더니 염증이래요.

ㄱ 염증이요? 뼈가 이렇게 튀어나온 게 아니라?

뼈가, 부어서 이렇게 튀어나온 거여. 그리고 무릎 찍었더니, 여기 반 연골 없고 여기도 반 연골 없고. (무릎 바깥쪽을 손으로 감싸며) 그래서 걸으면 뚝- 뚝 소리 나. 지금 일하면서 미군들한테 약 좀 사오라고 했어, 돈 준다고. 벤게이라고 약 있어요, 연고. 우리 물파스 연고 처리된 파스 독하잖아요, 거긴 더 독한 거 있어요. 밤에 그거 바르고 자고 하는데, 이것도 처음엔 이렇게 올라왔었어요. 약 먹고 괜찮아진 거예요. 지금도 일하면은 진통제 한 메-칠 먹어야 돼.

* * *

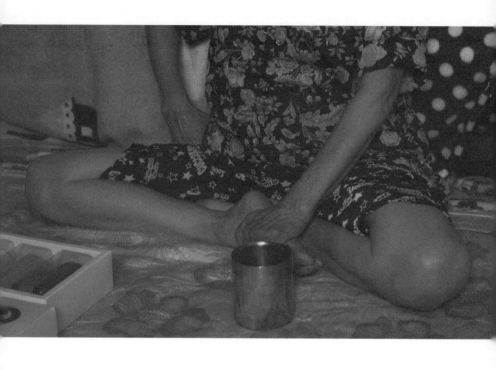

◉ 아, 그 소송⋯은 참여하셨어요? 이번에 한 거?

못 나갔어. 왜냐면은 다니지를 못, 안 다녀 버릇해갖고. 어릴 적부터 학대받고! 여기 와서도 왕따를 당했어. 그걸 머리에서 떨치질 못하니까 어딜 못 다녀. 여기서도, 아니, 여기 이사 오기 전에 딴 데서 언, 언니들한테 왕따 당하구, 어릴 적에 자라면서 학대받고 자랐거든. 그래서⋯ (잠시 침묵) 그걸 떨쳐야 되는데, 떨치질 못하니까 어딜 못 가는 거야 또 당할까 봐. 어릴 적에 새엄마란 사람이 나 갖다 물에 던져부렀잖아. 수영 배우라고.

╗ (놀라며) 헤.

그거 때문에 물에 쇼크 받은 거야. 여기 와서도 언니들이 왕따 시키면서 물에 갖다 집어넣어버렸어.

╗ (놀라며) 헉.

두 번 그러고 났더니 물도 지금 싫어해.

* * *

◉ 그 언니들이란 게 같이 일하는 언니들?

어. 그 언니는 나를 장난 삼아 물에 던진 건데, 나는 쇼크 받아갖고.

╗ 강 같은 데요?

강이 아니고, 평택 어딘가에, 저, 풀장이 있어. 물이 뺑뺑 돌아. 그, 설치를 해놓은 건데, 거기다가 던져버려갖고 지나가는 아저씨가 날 건져냈어. 수영도 못 하는 걸 갖다가 물에 던져놓으니깐!

▣ 큰일 날 뻔했네!

◉ 그러니까요.

몰라 그 사람은 지금 어디 가 있는지 몰라.

╗ 그러면, 포주 집에 있던, 같이 있던⋯?

어. 포주 집에 있을 때 그랬어. (코를 들이마신다) 그래서 그 사람이 뭐라고 하면은 대꾸도 안 하고 방에서 안 나와. 그랬었어. 그다음에는 같이 놀러 갔다가 집으로 넘어와버렸어. 또 그럴까 봐.

　　☒ 으유.

　　☉ 그 같이 일하던 언니들, 약간 텃세 부린 거예요?

텃세도 많지-! 지, 지금이나 옛날이나 텃세 있는 건 똑같어. 잘하면은 덜하는데, 또 주인 잘 만나면 착하고. 난 주인 잘 만나가지고, 주인이 나한테 함부로 못하게 했어-. 지금 그분 아마, 아-드님이 어디 검산가 판산가 됐는지 모르겠어. 그 당시에는 검사 뭐 시험 봐서 합격됐다 그랬거든. 주인 잘 만나갖구 고생을 좀 덜한 거지.

230

중략

　　☉ 그 주인 한 분이랑만 쭉 일하셨어요?

아니.

　　☉ 자주 바뀌셨어요?

거기가…. 아가씨가 한 스무 명 됐는데도, 한집에 사는 몇 명만 그래! 다 그러면은 못 하는데, 한 몇 명만 그래.

　　☐ 괴롭히는… 거요?

주인 있으면은 안 그래! 나가서 그 지랄 하지. 주인 있는데 그 소리 했다간 그냥 욕 뒤지게 먹고? 주인 잘못 만나면, 외출도 못 해. 대문을 걸어 잠가버리니까. 감시를 허는 거야. 근데 내가 있던 집에는 그건 없어-. 놀러 가든가-, 뭐 하든가 그런 건 안 가려. 제시간[에]만 집에 들어오라 이거야! 그리고 그 집 식구들은 딴 집 식구들이 뭐 어떻게 할 수가 없어. 했다간 주인이 가서 그냥, 그 집을 둘러엎어버리니까! 그러니까, 호-랑이 주인이라고 소문났거든.

　　□ 음.

그 아들이 검사 아마 붙은 거 같아. 시험 쳐서. 그 바람에 이거 때려 치우고 서울로 간 거로 알거든? 그러고 나서 71년도[에] 그 집에서 나왔는데, 화재 만나갖고 홀라당- 타버린 거야.

　　◪ (놀라며) 히-.

화재가, 내 방에서 방, 두-개 건넜어[건너서 났어]. 방 세 개 건넜구나! 그래, 옛날에 연탄이잖아! 난로에다 빨래 잔-뜩 올려놓고 일 나갔다 거기서 그냥 화재 나….

　　◪ 혼자서 사실 때요?

아니 여럿이 사는데.

　　□ 여럿이 살 때.

내가, 내 방이 그런 거 아닌데두 주인이 못되니까 내 짐 하나 손도 못 대게 하더라구. 알아요?

　　◪ 그 괜찮았던 주인 다음에?

다음에! 그러고 88년도에 또 화재 만났고. 내 방에서 휴전[누전]. 그러고 나서 전기라면 아주 그냥 질색을 해버리잖아. 그러고 나니까, 노이로제가 걸려갖고 잊혀지지가 않아.

　　◪ 그러면은 처음에, 몇 년부터 몇 년까지 (머뭇거리며) 괜찮았던? 그 주인 집에 있었던 거예요?

69년도 6월에 들어갔어. 그래서, 71년도, 오래 안 있었지-. 이사를 나왔는데, 한집에 사는 아가씨가 빨래를 잘못 널어가지고 불이 나버린 거야. 근데 그 주인이 못돼가지고 내 짐을 다 내놓고는 건들지도 못하게 하더라고. 주인이 다 갖다 팔아먹어버렸어!

　　◪ 그럼 그 집에서 그래도 계속 일하셨어요?

(고개를 휙 돌린다)

ㄱ 아니에요?

ⓞ 불난 다음에 또, 옮겨 가신….

불난 집에 있다가 딴 데로 이사 갔는데, 전기 누전으로 또 불났지.

ⓞ 그때 다치진 않으셨어요?

다치지는 않았지. 동네 사람들이 도와주고-. 그리고 나선 이때까지
여기-저기 다녀도, 내가 피해불잖아. 누가 오면은, 가지도 않아.

말하기 싫은 것

ㄱ 그럼 결혼은 한 번도 안 하셨어요?

ㅇ 연애도 안 하셨어요?

그거는 옛날.

ㅇ (웃으며) 얼마나 옛날이에요?

(웃으며) 옛날이지 무-어! (웃음)

ㅁ ㄱ ㅇ (웃음)

아, 안정리 바닥 옛날부터 유명한 자리잖우-. 안정리, 송탄!

ㅇ 음.

송탄은 공군 기지구. (손으로 허공에 지도를 그리며) 육군, 해군 쪼금씩 이래 있어. 여기는 육군 지대구. 뭐 동두천, 파주, 다 그런, 아가씨 저 거 허는 데잖어-. 옛!날부터 그런 데야 여기-. 그러다 나이 먹으니까 때리치구 양[그냥], 88년도부터 혼자 사는 거여! 그때, 올림픽 있었나? 88년도? 저기, 한국에?

ㅇ 예.

그때서부터 여그서 혼자 사는 거여. 되게 편해. 그 아가씨 하나, 저거 하는 바람에 질-려가지고 그냥 혼자서 사는 거야!

　　ᄀ 뭐 하는 거요?

그 전라도 아가씨, 밥 저거 하는 바람에. 그 후로 친구를 안 새귄 거야. 친구도 잘못 새귀면 그런 줄 알고 아예 안 새귀는 거야. (잠시 침묵) 저거 보느라구 기냥. (벌떡 일어나서 쿵쿵거리며 나간다)

　　ⓞ 어디 가세요-.

(장난스럽게) 도망가요!

　　ⓞ (웃음)

(부엌에서) 도망가요.

　　ⓞ 뭐 찾으시지.

　　ᄆ (부엌을 향해) 이모! 뭐 안 주셔도 돼요.

　　ⓞ (윤선의 법정 진술서를 찾아보고는 경빈에게 작게) 51년생, 51
　　　년생.

　　ᄀ (진술서를 같이 들여다보며) 어-. 예순일곱, 예순여덟, 맞나?
　　　나 계산 덜 됐나…? 예순여섯?

　　ⓞ 응. 아무튼 60대시네 아직. 정정하시네.

　　ᄀ 근데 그 이야긴 많이 못 물어본….

　　ⓞ 얘기?

　　ᄀ 구체적으로, 일했을 때? 옛날에 일했을 때, 그런 거. 안 하
　　　는 게 좋나? 여기 진술서에는 그…

　　ⓞ 오신다. (진술서를 다시 치운다)

윤선이 방 안으로 돌아오자 민주가 사진을 찍는다

　　ⓞ 어, 커피예요?

　　ᄀ 우와. 감사합니다.

⊙ 감사합니다-.

(앉으며) 어우, 커피나 먹자. 아이고-.

　　⊙ 어, 이거 민주 작가님 것도….

　　⊡ (받으며) 네.

　　⌐ 커피 먹고 싶었어… (한 모금 마시고) 너무 좋아.

윤선이 옥수수를 분질러 준다

　　⊡ 아, 아녜요. 제가 할게요.

　　⌐ 잘 먹겠습니다.

　　⊙ 감사합니다-. (웃음)

다 함께 옥수수와 커피를 먹는다

　　⊙ 일하면서 되게 기억에 남았던 분 없어요? 오래전 사람이
　　　어도 되고.

(잠시 후에) 나한테 도움 많이 받은 사람도 없고, 나를 해친다고 하는
사람도 없고, 꾸준-하게 일만 허는 거고. 기양 나한테 해롭지 않게
해주면은 그냥 꾸준-하게 일헌 거야, 이때까지. 날 해치면 난, 그 사
람 두 번 다시 안 봐. (커피 마시는 소리)

　　⌐ 좋아하는 사람은 없었어요?

(코를 들이마신다) 여기는, 안정리 바닥은, 좋아허면은 도움을 못 받
어. 나를 해치게 헐라구 할까 봐, 도움은 못 받어.

　　⌐ 미군 중에 막 좋아한다고 한 사람도 없었어요?

좋아하면 뭘 해. 다 마누라 있는 사람들을, 좋아하면 뭘 하냐구.
하… 좋아하면 뭘 해.

　　⊡ 이몬 애기가 없네요?

에?

　　◉ 애기 생긴 적도 없었어요?

그거는 옛날.

　　◉ 옛날에?

침묵이 흐른다

햇살센터 가면은 자식덜, 뭐 양자 보내고 만났다고 하는 사람들 많잖아. 나는, 애비 없는 자식은 낳아서 뭘 하냐구 그래. 그래서, 없어.

　　◉ 음.

침묵이 흐른다

내가 얼굴 나오는 걸 왜 원하지 않냐면은, 동생들[이] 얼굴을 아니까. 내가 여기 사는 줄은 알어. 동생들도 왔다가 가고 그랬기 때문에. 비록 배다른 동생이지만은 얼굴 나온 거 좋아하진 않겠지-. 작은엄마도 나 여기 살고 저거 하는 걸 아니까-.

* * *

　　⊞ 이몬 살림 안 사셨나 봐요?

어, 일만 했어, 쪼끔 저거 하다가, 일만 하고 말았어-. (코를 들이마신다) 이때까지 일하다가, 이제 올겨울 들어서 집에 있는 거지. 그러니까 감기는 좀, 덜 걸려! 비염이 있어가지고, 겨울만 되면 감기로 아주 살거든. (잠시 침묵) 가만 보니까 카메라가 좀 비싼 거다!

　　ㄱ◉ (웃음)

　　⊞ 그럼요, 비싼 거야.

카메라, 테레비서 들고 다니는 거 보니까, 보통 표 나잖아-. 카메라에 대해선 모르갔지만?

　　　ㄱ (웃음)

가만두고 있는 카메라맨 얼마나 테레비에 많이 나와. 이-따만 한
거 들고 메고 있잖아.

　　　ㅁ (웃음) 그 정도는 아닌데.

(웃음) 아니, 나오는 카메라 자체가 그래.

*　*　*

　　　ㅁ 이모, 제일 오래 만났던 애인 있어요? 그래도 꾸준히 만
　　　　났던 미군 없었어요?

없지. 미군들이 막 밥 먹으러 가자 그런 거 있었어. [하지만] 일 끝나
면 집으로 도망가는데 뭐. 그니까 돼? 안 되지. (웃음)

　　　ㅁ 어-.

　　　ㅇ 이모는 되게 집순이…셨네요. 집순이, 지금도 집순이. (웃
　　　　음) 그때부터 집순이….

　　　ㄱ 혼자 잘 놀고.

왜 그냐면 그전에 아가씨 생활 할 때는 그걸 했는데, 88년도 올림
픽, 그거 끝나고 나서는 완-전 때려치우고 일만 했거든. 그러니까
미군들이 밥 먹으러 가자 해도 아예 안 갔다니까.

　　　ㄱ 그럼 아가씨 생활 할 때는 좀 만나는, 애인 없었어요?

그때는 어리니까 그걸 모르지- 나이가 어린데 뭘 알았어? 안정리
클럽이 어디고 무슨 클럽 있다는 건 알지-. 그때는 뭐, 흑인 클럽 따
로 있고 백인 클럽 따로 있었어요. 근데 지금 길이 나는 바람에. 왜,
쎄분[세븐] 클럽 그 앞에 길이 있어요, 안정리에. (민주에게) 이몬 알
잖아, 쎄분 클럽.

Ⓜ 네.

거기가 원래, 요만-한 길이야. 요만-한 길에 뭐가 있냐면은, 클럽. 순 클럽인데 길이 나는 바람에 클럽이 다 짤려 나간 거야. 백인 클럽, 흑인 클럽 있고 정문, 정문 쪽으로 가 보면은, 저 안경점이 있어. 안경점이 지금 고 옆으로 이사 갔는데, 그 자리가 예전에 흑인 클럽 세 개가 있었[던 자리]거든.

민주가 사진을 찍는다

백인들은 흑인 클럽에 와서 금방 나가버려. 맘대로 못 있어! 가서 빼꼼- 쳐다보고는 기냥 와부러. 또 사고 칠까 봐. 그래도 오프람 [off-limits]* 붙고 나서 많이 달라졌어.

> Ⓞ 그거 싸우는 거, 흑인 클럽 백인 클럽 이런 거 때문에 싸우는 거 본 적 있으세요?

그럼! 71년도.

> Ⓞ 아, 일하실 때도 본 적 있으세요?

그럼! 71년도, 오프람, 안정리에서 전부 다 문 닫았거든. 뭐 미국서도 아는데-.**

---

* 미군 내부에서 흑인 병사들의 크고 작은 소요가 계속되자, 미군 당국은 대표적인 흑인 거리인 파주 용주골 집단촌과 동두천 북보산리 일대를 폐쇄해버리고 전국의 흑인들만 드나드는 클럽에 '출입 금지(off-limits)' 딱지를 붙이는 등 대처에 나섰다. 1971년 12월부터는 한미동맹의 약화를 우려한 박정희 정권이 업소 내 인종차별 금지와 기지촌 여성들의 성병 관리를 골자로 하는 '기지촌 정화 사업'을 펼쳤다.
** 1971년 7월 9일 발생한 '안정리 사건'을 뜻한다. 당시 기지촌은 미군 내 흑백갈등의 영향으로, 백인 클럽과 흑인 클럽이 나뉘어져 있었을 뿐 아니라 백인을 상대하는 여성과 흑인을 상대하는 여성도 뚜렷하게 구분되고 그들 간 위계가 있었다. 백인 병사 대부분이 흑인 병사와 어울린 여성들을 거부했기 때문이다. 그러던 중 닉슨 독트린(대아시아 군사 개입 축소 정책)에 따른 주한미군 감축으로 인해 영업 경쟁이 심해지자, 몇몇 클럽은

Ⓜ 맞아.

그때는 아가씨들, 짧은 치말 못 입어. 지나가면 껌은 애들, (들어 올리는 손짓을 하며) 이걸 홀라당 걷어 올려부러. (웃음)

Ⓞ 음- 길에서 그냥.

길에서. 지나가면은. 그 71년도 오프람 붙고 나서, 여기 미군들은 못 다녔어. 안정리서 일한 사람들이, 건달들. 안정리에 쫙- 깔렸었어. 미군들은 아예 [부대 밖으로] 못 나왔고. 껌은 애 나왔다면 [주민들에게] 맞아 뒈져. 껌은 애들이 데모를 일으켜가지구 그때 몇 명은 잡혀갔다고 허더라고. 그러고 나서 한 3개월인가 4개월인가 있다가 문 열었거든.

Ⓜ 이모, 이모들, 흑인 만나는 이모 따로 있고 백인 만나는 이모 따로 있고…

어, 그럼! 다 따로 있어. 그 당시에는 따로따로야.

Ⓜ 이모는 어디였어요?

난 백인!

Ⓜ 어- 왜 따로 하지?

Ⓞ 그럼 흑인 받으면 어떻게 돼요? 막 싸움 나요?

몰래 저걸 허면은, 괜찮아. 클럽에 와서 술 먹어도, 실수만 안 허면 괜찮아. 실수를 허고 시비 거니까 왕따를 당했거든, 백인들한테, 말하자면. 지금도 왕따 당하면은 맥을 못 추잖아요. 흑인들이 왕따를 당한 거야. 못되게 노니까. 그러니까 이제 들고일어났는데, 백인들

"White Only"라고 적힌 팻말을 내거는 등 흑인을 노골적으로 차별하기에 이르렀다. 이에 분노한 쉰여 명의 흑인들이 기지촌 클럽에서 난동을 부리며 주민들과 물리적인 충돌을 빚었다. 미 군경과 한국 경찰이 공포탄과 최루탄을 쏘며 이들을 진압했으나, 이 사건으로 미군 열 명과 한국인 스무 명이 다쳤다. 험악한 분위기는 며칠간 계속됐다.

이 가만있냐구. 그리고 한국 건달들이 와서 다 죽인다고 때려 부수는 걸. (웃음기 있는 목소리로) 그 바람에 71년도에 안정리고 저 평택[시내]이고, 두목들이 와서 말린 거야. 그 바람에 이제 여기서 다신 안 그런다고 해서 막 합정[협정]이 됐어.

지금은, 흑인들이 착해! 그 당시엔 말도 함부로 못 하고 옆에 가면 지랄들 허고. 일하는데도 지 말 안 들으면 뚜드려 패, 여자를. 흑인들이 그랬어. 이렇게 구석에 앉혀갖구 꼼짝 못하게 해서 막 패. 지금은 안 그래. 말 좀 좋게 해주고 저걸 하면은, 친구처럼 잘해. 그 당시에는 아주 못됐었어.

ㄱ 그럼 그때 몇 개월 쉬었을 때는 이모는 어떻게, 집에 있었어요?

집에 있어야지, 뭐 어떡하겠어. 그러고 도망 다니는, 그런 건 좋아하질 않았으니까, 어렸을 적부터. 그래서 나 혼자 산, 산을 헤매는 거여.

ㄱ 산에? 등산?

아니! 평택 저기 보면은 쪼끄만 산이 있어, 객사리에 보면은. 객사리 거기 산에 가서 헤매는 거야. 거 산에 있거든, 미군들 훈련소가. 괜-히 돌아다니는 거여.

ㅁ 아, 이모는 산을 그리로 갔구나? 몇 달 동안.

어. 지금도 그 자리에 있어! 지금은 미군들 잠자는 자리고, 그 당시엔 잠자면서 훈련소여-. 그때는 쪼끄만 산이여. 거기를 혼자서 헤매. 여름에나 가서 도토리나 줍고. 여름에 그랬으니까.

ㅁ 아- 손님 안 받고?

여기 문 닫았으니까. 가긴 어딜 가.

ㅁ 어- 그 미군들이 어디 가면, 훈련 가면, 이모들이 따라가

가지구 또 막 하고 그랬다며.*

어- 지네 저걸[훈련] 하면, 지 단골로 다니는 여자 있잖어. 부르는 거여.

　　■ 어-.

부르면 이제 가는 거여, 여자가 글로 가지. 그 당시에 그렇게 가는 여자덜 많았어. 그런 데로 가서 돈 벌고 저거 하는 거야. 난 혼자 산을 헤매도 그런 거는 취미 없어.

　　◎ 훈련 장소로 가는 거예요? 훈련하는 데로?

그렇지. 훈련도 하고 잠도 자는, 방이 있어. 그런 게 있는데, 나는 가서 도토리나 줍고 미군들 하는 행동이나 쳐다보고 앉아 있고. 그러다 그냥 집에 와버려. 어릴 적부터 어디 다니는 거 별루야. 지금은 더 해.

* * *

---

* 기지촌 여성들은 미군의 야외 훈련을 따라가서 미군을 상대하기도 했다. 국방색 미군 담요를 가지고 미군을 뒤쫓아 산을 오르는 모습 때문에 '담요 부대'라 불렸다.

◉ 안정리에, 그 69년도부터 사신 거예요?

웅! 와서 이때까지 있는 거.

◉ 안정리에서도요! 근처에 계속 사셨어요?

어. 여기서 저걸 해갖고 딴 델 안 가 봐서 몰라. 이때까지!

◉ 그러면, 예전…에 비해서 안정리가 어떻게…

많이 변했지.

◉ 어떻게 바뀌었어요?

옛날에는, 마누라 없이는 살아도, 장화 없이는 못 사는 지역이야.

◉ 아, 왜, 왜요? 비가 많이 와서요?

비만 오면은 장화 없이는 못 다녀-! 그러니까 도로가 지금처럼 안 되어 있는 거지. 흙탕물 질퍽질퍽! 옷은 다 베리고. 그래서 옛날 어른들이 여기 오면은 (목소리 바꿔서) 어, 많이 변했네! 마누라 없이는 살아도 장화 없이 못 사는 지역인데, 이렇게 변했네, 하고.

◉ 그럼 이제는 도로가 다 포장이 되고 이렇게 된….

그치. 다, 포장돼 있잖아. 옛날에는 없었어! 비만 오면 그냥, 난-리구. 71년도 데모 났는데, 돌을 막 던지고 난리 쳐. 71년도 여기 데모 났었어!

◪ 그때, 흑인 백인 그.

에. 흑인이 지금 생각하면 계급이 좀 있나 봐. 나이가 좀 먹었고. 일을 안 들어간 거야, 데모할라고. 그거 왜 그러냐면은, (코를 들이마신다) 그 당시에는 얘네들, 인간 차별. 흑인 백인 차별을 많이 당했어. 흑인 클럽이 따로 있고 백인 클럽이 따로 있었어. 흑, 백, 흑, 흑인 클럽에 백인은 아-예 못 들어갔어. 근데, 그러다가, 지네 클럽도 맘대로, 백인 클럽도 맘대로 못 들어가[게 됐어]. 흑인들이. 백인이 델고 가서 사인하고 들어가야 돼. 그래 딴 자리를 또 못 가. 같이, 백인하고 앉아 있어야 되고. 엄했었어. 헌병, 여자 단속하는 사람들도 나와서 대기하고 있고 하니까.

* * *

그렇다 보니까 데모를- 허기 시작했나 봐. 아마 주모자가 두 명인가 세 명인가 되나 봐. 일을 안 들어가고 저기 하는 바람에, 전-국에 있는 흑인들이 여기서 다 데모를 한 거 아니야. 건달들 다 여기 오고. 그래서 (잠시 침묵) 서너 달 됐나 봐. 데모 나갔고… 문 닫고… 하는데. 멋모르고, [어떤] 흑인이 한국 온 지 얼마 안 돼갖구, 커-다란 츄럭[트럭], 미제로 큰 거, 많거든! 운전하고 가다가 그양 맞아서 죽기 직전까지 갔었어. 건달들하고, 여기 시민들 해갖고. 그러고 나더니, 지금에는 흑인들이 많이 착해! 비유[비위] 맞춰주면은! 착해. 그 전에는 백인들 미국 가도 간다는 말이 없어. 흑인들은 잘 있으라 하고 다음에 보자 하고 인사하고 가-.

ㄱ (웃으며) 비유 어떻게 맞춰줘요?

우리도, 이모가 나한테 뭐라고 하면은 아 그런가 보다 [하고] 내가 이모들 비유 맞춰주잖아. 비유 맞춰주는데 이모들이 나한테 뭐, 못된 년이라고 욕하고 때리갔어? 그 생각을 해야지! 이모가 뭐라 그러면 아 그러냐고, 알았다고 비유 살살 맞춰주는데, 나한테 뭐 때리고 욕하겠냐구.

ㄱ 음.

그거랑 똑같은 거야. 이 사람들 자기 비유 맞춰주고 하면은, 인종차별 많이 받는, 사람들이기 때문에 그걸 안다구-. 심부름도 제대로 해주고 살살, 달래주고 저거 하면은 얌전해져부러. 그러면, 나 목마른데 커피 한 잔 사줄래? 하면 얼른 해, 해줘. 지금 사람들은 그래.

옛날하고 달러. [미국] 갔다가 다시 와서 (목소리 바꿔서) 엄마[윤선]
지금도 있냐고, 인사하는 사람 많아-. 내가 못되게 놀아 봐! 그렇게
인사나 받았어?

⊙ 그렇게 연락 다시 온 미군 있어요?

가끔씩!

⊙ 있어요? 하나만 얘기해주세요-. 어떤 사람 다시 연락했
   는지.

흑인도 있고, 백인도 있고. 근데 인사하면 끝나지. 그걸 뭐 저기, 신
경 쓰나.

⊐ (웃음)

내가 학교를 못 다녔기 때문에 그것까지는 일일이 기억을 못 해. 지
금도 그래. 들으면은 그걸로 땡! 지금은 다! 사라졌지만, 그 당시는
클럽이 많았어요.

⊙ 클럽에서- 일하는 사람들이- 어떤 어떤 사람들이 있는
   지- 궁금해요. 아가씨랑 웨이트리스는 같은 거예요?

다르지.

▣ 다르죠.

⊙ 써빙, 써빙은 또 어떻게 다르…

써빙은 이제 이모들이, 술 갖다달라면 술 갖다주고 돈 받아다가 주
인, 주는 거야.

⊙ 그게 써빙?

그래, 그럼.

⊙ 웨이트리스는…

이제 나는 웨트리스니까 한 달 월급이구. 아가씨들은, (은진을 가리키
며) 여기 남자분이면은 (경빈을 가리키며) 이모가 가서 이 사람 성격

을 맞춰줘야 돼. 술도 따라주고, 같이 놀고, 춤도 추고. 그런 아가씨하고 내가 또 다른 거야-! 그리고, 이분이, 외박, 가자 그러면 나가야 돼-! 지금은, 그게, 안 돼! 옛날에는 그게 됐었어! 지금은 외박 못 나가! 걸려! 그게 맘대로 안 돼. 주!인이 걸려. 주인이 걸려갖고 지금은 맘대로 안 돼!

　　⊙ 그러면 아가씨 생활 하시는 분들은 가게 주인이랑 포주
　　　가 따로 있는데.

예전에는! 포주가 따로 있고! 클럽, 주인은, 술만 팔어! 저, 아가씨 주인[포주]은 따로 있고. 여기가 만약에 클럽이면은 요 카운터 이걸 만들어. 그럼 클럽 주인은 카운터에서 술 팔어. 술 만들고. 그런데 아-가씨 주인은 집에서 안 나와. 아가씨들이 [클럽에] 들어가. 대신에 딴 데는 못 가. 클럽 일 하는 사람은 클럽에만 있어야 돼. 그러다가, 아가씨가 한 달 번 돈 반반 노나 먹는 거야. [아가씨] 주인하고.

　　⌐ 그럼 한 아가씨는, 한 클럽에만 나가요?

그럼! 그러니까, 만약에 한 집에 아가씨가 스무 명이든 열 명이든 있으면 딴 데 못 가! 지정된 클럽만 나가.

　　⌐ 아, 열 명 다 똑같은 클럽에….

똑같은 클럽. 함부로 못 나가. 옛날에는 그랬어요! 지금은, 포주가 없기 때문에 [클럽] 주인이 아가씨 데려다가 일을 시켜도, 외박을 안 내보내. 그거는 괜찮아. 일만 하라 이거야. 손님 비유 맞춰 술만 많이 팔구! 그러면 되는 거야. 옛날에는 외박을 해서 돈을 많이 벌었는데, 그게 금지가 돼버렸어. 지금 불법체류자 많잖아요-. 지금도, 가끔씩, 그런 아가씨들 많이 추방당해요- 여기도. 추방당하면 두 번 다시! 못 들어와.

　　⊙ 써빙 일 하시면서 추방당하는 아가씨들 본 적 있어요?

그런 아가씨들은 클럽에 와서 일 못 해. 왜냐면은 여권이…

　　　◉ 아-.

여권이 끝났기 때문에. 얘네들은 몰래 일하거든. 쏙여갖고.

　　　◉ 어디서 몰래 일해요?

민간! 민간업체 같은 데서. 우리 그 기업체들 몰래 들어가서 일을 하거든. 그걸 모르고 한국 기업체서 일을 시키거든. 근데 노는 날이 있잖어.

　　　⬚ 네.

노는 날 단속 나오면 그걸 모른다구. 하다가 이제 걸리면 그냥 가는 거야. 여권 같은 거 비자 같은 거 내놓으라 이거여. 만기 된 거 갖고 있어 봤자잖아. 그럼, 그냥 추방당하는 거야. 그러다가 71년도 되면서 포주 집에서 나온 거 같어. 71년도, 나와갖고 화재를 만났고, 딴 사람 때문에.

　　　◉ 빨래 널다가 불난 거요?

그거 내가 한 거 아니여. (앞에 놓인 롤케이크 상자를 차례로 가리키며) 말하자면 여기가 불난 집, 방. 여기 방. 응접실. 안방. 난 여긴데. 짐 싹-! 내놓은 거여. (롤케이크 상자를 치며) 근데 이 주인집에서 내 짐을 하나도 손 못 대게 싹- 팔아먹었어. 그런 사람도 있더라구. 그리고, 미군이 뭘 많이 도와줬어들, 돈 거둬갖고들, 미국 사람들이 많이 도와줬어.

　　그래갖고 방 얻어서 나갔고- 88년도! 내 방에서 불이 난 거야! 전기선! 누전 때문에 불이 난 거야. 그러고 나서 그 집에서도 이사 나왔고, 꾸준-하게 88년도까지 아가씨 생활 하다가 때리쳐버린 거야. 그냥 일만 한 거야 이때까지. 그러고 나서는 외국 사람이고 뭐고 없어-.

◉ 그, [이모 방에서] 불난 게 계기였어요? 아가씨 생활 때려치
우신, 계기였어요?

아니 그것도 있고, 이 아가씨 생활 하는 게 그렇게 좋은 저기가 아
니니까- 그냥 써빙 일만.

* * *

◉ 언제까지 일하셨어요? 몇 년 전까지 하셨어요?

일 관둔 게 11월서부터 관뒀어.

◉ 작년[2017년] 11월이요?

어-. (잠시 침묵) 왜냐면은 지금, 그 건물이 헐려. 무슨 아파튼가 빌란
가 짓는다는가 봐, 딴 사람이. 그니까 주인도 이사 갔고. 그러지 않
아도 다리 아픈데, 그래서.

◉ 한 세 달, 세 달 쉬신 건가요?

원래는, 9월부터- 주말만 일을 했었어, 사장하고 단둘이.

◉ 예.

아가씨가 있으면 저기 하는데, 있던 아가씨들이 온다 간다 말없이,
짐을 싹- 싸갖고 도망가버린 거야-. 그 바람에, 나하고 한 두어 달
을 주말만 일했었어. 그러다가 관두라 그런 거야. 말린 거야- 사장
엄-마가. 연세 많으셔. 말리니까 양 관둔 거여. 근데 지금 집에 있는
거 편해, 다리만 안 아프면은. 다리 아프니까 몸저리[몸서리]치는 거
야. 자는 것도 집중 못 하고.

◪ 그러면 클럽 원래 이름이 뭐였어요?

더 스판-.

◪ 더 스판? 요기 앞, 앞에 있어요? 어디-쯤에 있어요?

(민주에게) 이모는 알잖아 저기.

▣ 응.

옛날 무지개, 옛날 무지개 자리. 그러다가 더 스판으로 바뀐 지 얼마 안 돼! 몇 년 안 돼!

ㄱ 그럼 거기서 어떤 일 하셨었어요?

주문! 술 이제 갖다놓으면 갖다가 돈 받고-. 이래 정리하는 거-. 나이 먹고 그거나 하지 뭘- 해!

ㄱ (웃음) 그럼 미군들만 와요?

미군들도 오고 한국 사람들도 오는데, 나는, 술 파는 거! 심부름! 말하자면은 이제 써-빙 하는 거지. 써빙 하던 사람 지금 나밖에 없어. 지금 다- 나이 먹었어.

ㄱ 그럼 거기 아가씨들도 많이 왔어요?

아가씨들 있어 봐야- 뭐, 다섯, 넷, 외국 아가씨들. 지금은 외국 아가씨가 없어. 다- 도망가구, 들어가구. 들어가면 못 나와.

ㄱ 자기 나라 가면?

못 나와 지금은. 그전에는 남의 신분증 갖고도 나왔어. 근데 무슨 일이 있었나 봐. 얘네도 그리고 물건 갖고 도망가고 지랄들 많이 해서.

▣ ㄱ (웃음)

신랑하고 그냥, 결혼해갖고 도망가고 막 그러니까? 얘네도 돈이라면 아, 사족을 못 쓰는 애들이야.

▣ 왤케 싫어해?

아, 돈이라면 아주 맥을 못 추는 애들이야.

▣ 에- 사람인데 당연하지. (웃음)

아 그러니까 어느 정도로 해야지-.

▣ (웃음)

ㄱ 왜, 어떤 일이 있었어요? 왜 그렇게 생각하세요?

그쪽은 돈을 허면, 본국으로 다 가잖아. 그래야 가족들, 가족이! 열 명이면은! 만약에 그중에 하나가 돈 벌면 아홉 명은 돈 안 벌어! 그게 정상이유?

ㄱ 음, 거기 어떤 나라 아가씨들 있었…

필리핀. 지금 뭐 필리핀 좋기나 해? 잘못하면 사고나 치고, 뭐 약이나 팔고 그 지랄들 하고.

ㄱ (웃음)

◉ 필리핀 여행 갔다 왔는데. (웃음)

전부 다는 안 그렇갔지-. 그런데, 뉴스에 보면은 순- 약쟁이가 많아. 마약쟁이가 많다구. 그걸 팔아야 먹고사는지 몰라도, 오죽하면 그 나라 대통령이 마약 하면은 자수하라 그러잖아! 아니면, 다, 죽이잖아. 것도 정상이 아니지만, 오죽하면 그렇겠어-.

◉ 지금, 필리핀 아가씨들 약도 해요? 여기 한국에, 기지촌에서?

그거는 모르갔어. 몰래, 몰래 하니까. 미군하고도 이제… 자-갔지. 그건 지네들이 돈 받고 입 다무는 거지. 클럽에선 그걸- 허락을 안 하거든! 성매매 지네들이 허지, 클럽에선 안 시키거든. 주인은 그걸 안 시켜. 그거, 걸려! 몰래 저거 해놓고는, 입 싹- 닫잖아.

◉ 옛날엔 클럽에서 시켰는데?

옛날에는? (잠시 침묵) 아가씨 담당자가 따로 있어. 포주라고 따로 있어. 내가 주인 잘 만나서 고생 덜했다는 게 바로 그거야-. 주인이 따로 있어. 성매매 하면은, 또 주인한테 돈 갖다주면은 반반 노나 먹어. 근데 어떤 사람은 낮에는 못 나가게 해. 일 가면은, 그, 일하는 클럽에 가서 문 앞에 지키고 있어. 자유가 없어-.

⊙ 도망 못 가게 하려고….

어…! 그래도 도망가는 사람 다 도망가.

▣ 이모 도망 안 갔어요?

뭐 하러 가. 도망가 봐야, 잘못하면 잽혀오는데?

▣ 엄청 때렸다며.

때리구, 잽혀오구. 또 동두천? 거기는 여그보다 질이 안 좋아! 엄해!

▣ 다 그 얘기하더라.

동두천은 엄해! 글로 팔려 가-.

▣ (놀라며) 히. 팔려 갔구나.

팔려 가.

***

필리핀 애들은 그래. 우리 한국 아가씨들하곤 달러. 한국 와가지고 뭐라고 하면은 얕잡아 보거든. 지네가 잘났는 줄 알아, 필리핀 애들은. 난 그게 싫어. 내가 뭐라고 하면은, 삐딱거려. 그러면 영어로 안 해. 한국말로 쌍!년들이 말 함부로 한다고.

　　●(웃음)

한국말로 욕을 하면은 내가 화 되게 났는 줄 알어. 영어로, 욕을 안 하거든. 내가 영어로 욕 못하는 게 아니야. 미군들이 오죽하면 내가 영어로 [욕]하면은 (웃으며) 놀-래가지고 깜짝 서서 봐. 왜 그러냐? 그러면 엄마가 욕을 다 한다구. 어쩌다가 욕을 하면은 미군들이 막 웃어. 엄마 욕했다-! 친구끼리, 엄마 욕하는 거 처음 봤디야. 전부 다 엄마라 부르거든.

　　●음.

나 할 줄 몰라서 욕을 안 허는 게 아니거든. 우리도 어쩌다가 친구한테 욕, 하면은 기분이 안 좋잖어-. 똑같은 거여-. 더군다나 외국 사람인데-. 그래서, 웬만해선 욕을 안 해. 하다 하다 안 되면 한국말로다 막 욕을 퍼부어버리거든. 그러면 가쓰나들이 아무 쏘리 안 해. 주인도 알어. 내가 화나서 한국말로 욕한 거 주인이 이해를 해.

　　┓ 그럼 뭐라고 삐딱거렸어요? 그 사람들이?

내가 욕을 하면, 화 되게 나서 욕한 줄 알어. 그러면 그걸로 끝내야지. 오래가면 안 돼, 얘네들.

　　┓ 왜, 왜 화나셨었어요?

말을 안 듣구, 삐딱하고, 지네끼리 통딱거리고 지랄하니까 내가 한국말로 막 욕을 해불지-. 우리도 잘못하면은 어른들한테 욕먹잖어-. 그거랑 똑같은 식이야. 지네들이 잘난 줄 안다니까 외국 애들은? 특히 필리핀 애들은 더 그래서, 싫어-.

ㅁㄱ (웃음)

그러고 필리핀 애들이 좀 잘해주면은, 좀 아는 앤 아는데 모르는 애들은 지네들이 최곤줄 알아. 그래서 그게 싫어.

ㄱ (웃음)

⊙ 미군들은 엄마라고 불러요?

어. 왜냐면 그렇게 내가 했기 땜에 그래.

⊙ 어, 어떻게요?

미군들이, 보면 내가 나이가 많잖아-. 뭐라고 부르느내. 엄마- 누나- 그래서, 그냥 엄마라 불러. 그래서 전부 다 오면은 엄마라 불러.

ㄱ 그럼 [호칭만 한국어로] 엄마라고 하고 [다른] 말할 땐 영어로 말해요?

얘네들 저거로 하면 마미.

ㄱ 마미라고.

그래서 마미라고 부르는 거야, (잠시 침묵) 그럼 서로가 얘기하구-. 그리구 껌은 애한테는 부르는 게 또 다르거든.

⊙ 어떻게 달라요?

베-비[baby]. 껌은 애들은 베-비가 자기야- 그런 거야. 껌은 애들도 흰 애들도 그냥 베-비 그러면 다 알어. (잠시 침묵) 껌은 애한테 베-비라면 그게 자기야 부르는 거거든. 나도 거, 영화 보고 그 뜻을 알은 건데? 영화 보니까, 그, 베비야 부르데? 그래서 그 소리가 저건 줄 알은 거지.

ㄱ 언제, 그 클럽에서 일할 때 아신 거예요? 영화 보고?

그전에도, 영활 집에서 보면, 어디 안 가고 영활 보니까-. 거기서 나쁜 소리는 안 허거든-. 그러니까 미군들도, 이해를 하더라고. 장난치는 애들은 베-비 그러면 지 애기 아니냐.

ㄱ (웃음)

애기란 뜻이거든! 제대로 보믄. 그래서 내가 너 뜻 몰라? 그러면 안
댜. 지네 말하고, 흑인들 말하고 다르다 이거야. 알아, 나도. 그래서
부른 거야.

> ⊙ 영어를, 클럽에서 일하시면서도 배우고, 영화로도 배우고
> 그렇게 하신 거예요?

응, 첨에는, 언니들이 가르쳐준 거야. 난 학교 안 다녀서 영어, 뭘 몰
라. 학굘 안 다녔어. 언니들이 써줘갖구, 그걸로 안 거지.

> ㄱ 한국말로 이렇게 써줬어요?

응. 그래서 지금 영어로는 하나도 몰라.

> ㄱ 그래도 클럽에서 일할 때 미군들이랑 영어로 대화하신
> 거…

영어로 대화는 해도 스, 스펠을 모르거든. 우리 새엄마가 여자는 공
부하면 안 된댜.

> ㄱ 아.

그, 어떻게 됐던 간에 여자 대통령 나왔잖아-. (잠시 침묵) 지금 저거
에 있어도, 어쨌든 간에 대통령이 여자잖아. (잠시 침묵) 그래 당신이
낳은 자식은 공부 다 가르치더라. 그렇게 못됐어! 여자가.

> ㄱ 그 여자 형제한테도 공부시켰어요?

공부는 다 가르쳤지. 나만 공부를 안 가르치더라니까. 여자는 공부
하면 안 된댜.

* * *

> ⊙ 아, 이모 그… 그동안 저희 못 만났던 사이에 알바라고 하
> 신 거는 뭐였어요?

(손가락으로 문 바깥을 가리킨다)

　　　⊙ 더 스판에서요? 아, 더 스판은 근데 지금 공사…

지금 그 건물 완전 갔어요! 알바? 일주일에 한 몇 번! 똑같은 써빙

일. 같이 일했던 사장을 알기 때문에 한 거고 그 사장이 관두면 나

도 일 안 나가! 다리도 아프고 해서. 그걸 알고! 내가 나이 먹어도,

주인이 착하니까. 그 주인이 못되면 내가 거기 나가긴 하겠냐?

　　　⊙ 그 가게 주인분이랑은 인연이 언제부터 어떻게 된 거예
　　　　요?

거기서 일하면서부터!

　　　⊙ 언…제부터 일하셨어요? 88년부터 쭉이요?

지나서! 벌써 거기서 일한 지가 10년…. 10년 됐나 봐.

　　　⅂ 그럼 88년부터 클럽 한 몇 군데 정도, 이렇게 일하셨어요?

　　　⊙ 써빙 일이요.

써빙 일? (손가락을 하나씩 접어 가면서 미국식 영어 발음으로) 쎄븐, 폴리,

타페…. 잠깐 허다가. 저기 하는 바람에 한, 7, 8개월 놀다가.

　　　⅂ (받아 적으면서) 네.

그 더 피스 가서 잠깐 일하다가, 더 스판 가서 한 10년? 그리고 일을

하다가 이제 건물 헐리는 바람에 안 나간 거지.

　　　⊙ 한 네 군데… 일하셨네요.

　　　⅂ (메모를 보며 은진에게 작게) 다섯 군데.

　　　⊙ 다섯 군데?

　　　⅂ (작게) 응응. 세븐, 폴리?

　　　⊙ 더 폴링 아니야?

폴리 클럽. 칸츄리[country]! 흘러간 노래! 저, 팝송도 흘러간 노래

가 있거든. 타페! 거기도.

◐ (메모 읽으며) 세븐, 폴리, 타페, 더 피스, 더 스판. 맞아요?

더 스판은 나중 클럽! 옛날 클럽은! 폴리, 타페, 쎄븐.

◐ 폴리, 폴리가 컨트리 음악 [나오는 곳]이에요?

폴리?

◐ 응.

예! 말하자면은, 여 팝송도 흘러간 노래 있잖아요. 거기 가면 순 나이 먹은 사람들이여.

◲ 아 그래요?

◐ (웃음)

젊은 사람도 흘러간 노래 좋아하잖아요-. 지금도 우리나라 젊은이들요, 칸츄리 노래 좋아하는 사람 있잖아. 그거랑 똑같은 거여.

◲ 클럽마다 분위기가 달라요?

아, 다르지!

◐ 세븐이랑 타페는 어땠어요? 분위기?

그거는 젊은 애들 저기니까[클럽이니까]. 젊은 애들, 비유 맞춰야 되고. 우리 맘대로 안 돼. 손님, 비유 맞춰야 돼.

◐ 음.

여그도 일하면은 손님 비유 맞춰야 돼. 내가 뭐라고 하면 얘네도 가만있어. 내가 나이가 많으니까 얘가 그러거나 말거나! 신경을 안 쓰거든.

* * *

◲ 그럼 이 클럽 다섯 개… 일하신 게, 다 써빙?

88년도까지. [그러고] 나서, 이제 써빙.

◲ 무슨 클럽까지 아가씨 하시고 [써빙 시작하신 거예요]?

(버럭 화를 내며) 그걸 왜 적어! 뭐 나 혼자 한 것도 아닌데. 뭐 이렇게 저거 한 거 나 혼자야?

　　ㄱ (당황한 목소리로) 아, 그러니까…

그러니까 그걸 물어보지? 그런 거 같아.

　　ㄱ 그러니까, 아까 저는 다섯 개 말씀해주신 게 다 써빙 일
　　　　할 때 이야긴 줄 알았는데….

아가씨! 아가씨 생활 할 때.

　　ㄱ 그러면 더 폴, 그니까, 어디서부터… [써빙을 한 클럽인가
　　　　요]?

써빙은… 몇 군데 안 돼. 그런 대신에 오래 했지. 하나, 둘, 셋. 써빙
은 세 군데서 했는데 좀 오래 했지.

　　ㄱ◉ 음.

아가씨 생활 한 건 여기서 쬐끔 몇 년 하고. 주인이 그렇게 만들었
기 때문에 시키는 대로 따라가야 되고. 써빙은 나와서 나 혼자니까
꾸준-하게 한 군데서.

　　◉ 주인은 왜 자꾸 클럽을 옮기게 해요?

왜냐면은, 클럽 주인하고 성격이 안 맞으니까. 내 맘대로 못 하니까.

　　◉ 아- 포주랑 가게 주인이랑….

그럼! 성격이 다르니까! 만약에 (경빈, 은진을 가리키며) 두 이모가 성
격 안 맞으면 말다툼이라도 싸우게 되잖아. 그거랑 똑같은 거야.

　　◉ 음.

다 휘어잡으려고 하면, 그게 되느냐고! 안 되지. [또] 이제 클럽 오프
람 붙으면은 딴 데 가서 일해야 되고. 그래서 88년도까지 아가씨 생
활 하다가 그 후로 한 몇 년간은 아주 나와서 때리쳐불고, 이때까지
그냥 써빙으로 돌아간 거야. 그냥 일만.

운선의 의견

도움받기

⊙ 지금 여기 살면서 주변에서 도움을 많이 받으셨다고 하
셨…

아우 많이 받지! 말 한 마디라도 도움받지.

⊙ 어떤 것들이 있었어요?

뭐든지 그래-. 여기서는 내가, 아가씨 생활 했던 거 다- 알아. 담배
피우고 술 먹고 했던 거 다 알아. 그렇지만은 지금은 그게 다 없어
졌어.

⊙ 편견이 없어요?

편견이 없어. 내가 혼자 이렇게 외롭게 사니까, 되레, 나를 많이 도
와주려고 그래. 말 한 마디라도. 그게 얼마나 고마운지 알아요? 저
거 혼자 살면서 못되게 논다고 해 봐요. 누가 말 한 마디를 해주갔
냐구-. 근데 여기서는 아니에요. 여기서는, 내가 인사를 하면은 같
이 이얘기도 하고. 내가 사고나 치고 해불면은, 나 쫓겨나요. 오래
못 살아요. 10년이 뭐여- 여기 이 동네 와서 살은 지가. 88년도, 88
년도에 이사 와서 이때까지 사는 거여. 그니까 벌써, 오래됐잖아요.

◐ 그쵸-.

그런데 사고 안 치고 사니까는 도움받고 이때까지 사는 거여. 여그서 이렇게 저거 하면은 어떻게 살아요-. 택도 없어요.

▣ 술 마시고 담배 피우면 나쁜 거예요?

좋지 않지-!

ㄱ◐ (웃음)

술 먹고, 지금에야 담배들 많이 끊었지만, 그전에는 아가씨들도 술 먹으면 막 사고 치고 했어-. 약도 처먹고 사고 치고 해 봐- 곱게 봐주겠는가.

◐ 그래도 워낙 힘드시잖아요. 술이나 담배 그때 많이 하셨었어요? 아가씨 할 때.

술은 많이 먹었어도, 한 번 실수를 해버렸어. 그러고 나서 술 끊어버린 거야.

◐ 무슨 실수를….

미국 사람하고, 양주를 세 병을 먹은 거야, 둘이서.

ㄱ◐ (놀라며) 헤-.

양주를, 지금 가게서 팔지? 캡틴큐.*

◐ 몰라요.

ㄱ 전 많이 들어 봤어요.

캡틴큐라고 있어. 우리나라 [양주]. 그거를 세 병을 먹은 거야, 둘이서! 그 사람은- 친구들이 델고 가. 나는 걸음 걷는데 바닥이 바둑처럼 네모나. 그거를 딱딱 올라타니까 언니들이 집어다가 눕혀

---

* '캡틴큐CaptainQ'는 1980년 1월 롯데주류가 출시한 국내 최초의 양주 이름이다. 미군 전용 클럽에 면세 주류로 공급되곤 했다. 지금은 생산이 중단되었다.

놓은 거야. 그러니까 방에 엉망으로 해놔버린 거야. 그게 기억이 안 나야 되는데 기억이 나부린 거야.

　　　◉ (웃음)

방에 실수를 허고, 그거를 알고서는 아- 술 먹으면 이렇구나- 하고 그때부터 술을 안 먹었어. 그때 실수허고 나서. 담배 끊은 지는 한 10년 돼.

　　　◤ 근데 일하려면 술 계속, 좀 먹어야 되지 않아요?

술? 안 먹어도 돼-. 술하곤 상관없어. 술 못 먹는다 그러면은 두 번 다시 권하진 않으니깐. 나는 심부름만 해주면 되거든. 외국 사람들도 다 알어. 엄마 술 마셔, 나 술 못해, 그러면 애네도 두 번 다시 권하지 않아. 한국 사람들이 짓궂어갖고 술 멕일라 그러지.

　　　◉ 근데 또 써빙 할 때랑 옛-날에 아가씨 하실 때랑은 또 다르지 않아요?

고럼.

　　　◉ 아가씨 할 때는 술도 먹어야 되고 그러지 않아요?

그니까 그때 먹고 실수하는 바람에 술을 안 먹었다니까. 남이야 뭐라 하든가 말든가 나만 실수 안 하면 되니까 술 안 먹은 거야.

　　　◉ 아가씨 하시면서도 안 드셨어요?

암- 그러고 나서는 안 먹은 거야.

　　　◤ 안 먹어도 일할 수 있어요?

아-! 할 수 있으니까. 술 안 먹어도 할 수 있으니까 안 먹어버린 거여-. 술 먹으면은, 좋은 소리는 못 듣지. 아- 누구네 저기는 술 먹고, 땡깡이나 부린다고 소문 나쁘게 되면 좋은 게 없거던-. 지금도 마찬가지야. 술 먹고 땡깡 부려 봐요, 어디 좋은 소리 듣나. 지금도 나오데, 테레비에서 그런 거. 여자도 남자도 술 먹으면은 좋게 안 보

잖아요. 길거리에서 자빠져 자고, 좋은 게 뭐가 있어. 좋은 게 없는
거여. 경험이 있기 때문에 아예 때리쳐버린 거여. 담배만 이제 가까
스로 끊은 거지. 아- 담배 끊으면서 혼났어.

* * *

ⓒ사진작가 주용성

◉ 그 뭐지, 소송하셨잖아요, 햇살에서 같이.

어.

　　◉ 그거는 참여하셨었어요?

내가, 참여는 못 했지- 어딜 못 다니니까. 가서 말할 줄도 모르는 걸 뭘 가서.

　　▣ 이모 [원고단에] 포함됐어요. 포함돼 있어요.

그리고 그 당시에 내가 일을 다녔어. (민주를 가리키며) 이 이모도 알거든, 일 다니는 거를. 그래서 내가, 못 갔어. 지금도 다리가 아프고 하니까 아예 안 나가. 하루 종일 집에 있어.

　　◉ 그럼 이름만 올리신 거예요?

네. 왜냐면 여기 와서 오래됐으니까, 이름 올린 거야.

　　ㄱ◉ 음.

아마 오래된 사람 나밖에 없을 거 같아.

　　▣ 그럴까? 김, 김○○ 할머니.

모르겠어. 그 언니는 여기 있었는가, 딴 데 있었는가 모르겠는데. 나는 여기 69년도에 왔어. 와서 내내 있는 거야. (잠시 침묵하더니 비타민 드링크 박스를 보며) 이런 걸 왜 사갖구 와!

　　▣ (웃음) 드시라구.

중략

　　◉ 이번에, 그 고등법원에서 2심 한 거는, 결과 들으셨어요?

뭐 1차, 2차가 됐다고 하는 거 같아.

　　◉ 듣고 기분이 어떠셨어요? (웃음)

원장님이고, 그 변호사님이고 판사님이 다 도와주니까 그렇지, 그게 어디, 되갔어?

　　ㄱ (웃음)

그래도 많이 도와주니깐 저거지. (말없이 옥수수를 먹는다) 그리고 지금은, 내가 아부지 돌아가시기 전에 호적을 파와부렀어. 여기가 내 본적이 돼 있어, 여기 이 집이. 그래서, 나라에서 이제, 나이 먹은 사람들 생활비 보내주잖아. 그게 일-반이야. 아가씨는 아가씨대로 저기 하는데, 아가씨 저거는 설 때 도움받잖아 또. 그 쌀만 갖고도 실-컷 먹고.*

　　ㄱ 아가…씨한테 쌀을 준다구요?

햇살센터-! 아무나 못 들어가요-! 아가씨 생활 헌 사람만 거기 입력이 돼 있어-!

　　◉ 아, 그럼 윤선 이모는 거기 입력이 안 돼 있어요? 일반으로만 돼 있어요?

누구, 나?

　　◉ 네네.

거기 입력이 돼 있어-도! 여기서는 일반으로 돼 있는 거야! 내가 그렇게 올려부렀어. 그런 대신에 여기서도 방세 나오지, 거기 가서도 생활비, 또 쌀, 쌀 있어야 생활해 나갈 거 아니야? 먹고 살아야 될 거 아니야? 그 도움 받잖아! 그게 어딘데. 그게 어딘데-. 그거만 해도 감-사하다 그래야지, 뭐를 더 바래? 방세 나오겠다.

　　◉ 그러면은 그 햇살센터에, [친하게 지내던 분이] 하늘나라로 가신 다음에 센터에서 도움받았다는 게 쌀 받으시고 그

---

* 햇살사회복지회는 자체적으로 또는 평택 지자체나 교회의 후원을 받아 평택 기지촌 여성들에게 명절 때마다 쌀 등의 생필품을 전달하고 있다.

런 거였어요? 원장님이 도와주셨다고요.

그럼!

⊙ 쌀 주시고.

쌀 주시는 게 뭐 원장님 혼자 돼? 다! 다니면서 얘기해서, 도움받는
건데? 거 인력으로 안 돼요-! 도움받게끔 원장님이 다~ 손써놓으
신 거예요, 혼자서 거 안 돼요-! 원장님이 무슨 돈이 있어서 그 많
은 사람들 쌀 사다줘-? 어!림도 없는 소리-. 혼자 하고 싶어도 안
돼요-. 원장님 남편도 목사님이에요. 그거 누구보다 더- 잘 아는 분
이에요. 지금 돈 많은 사람, 그렇게 해요? 택도 없는 소리! 지네만
잘 먹고 살면 되는 거여. 돈 많은 사람들. 어림도 없어요.

***

ㄱ 언니들끼리 서로 백인 색신지 흑인 색신지 다 알아요?

그럼요. 그런데! 흑인 색시들이 좀, 성격이 대단해-. 성격이 좀 독
해. 그렇게 만들어버려. 주인이.

ㄱ 음.

그렇게 안 하면은… 일을 못 해. 백인 색시딜은 그렇게 일 안 하거
든. 그렇게 해야만 흑인 색시 생활을 해서 그런간[그런 건진] 몰라도,
하는 거 보면 행동이 달라, 성격이. 내가 안 해서 그런간 몰라도.

ㄱ 지금, 햇살에서도 그런 거 서로, 다 아시는… 예전에….

아는 사람이 있갔지. 근데 말을 안 해서 그렇지. 말을 하갔어, 안 하
갔지. 여기는 아가씨 생활 한 사람들만 들어가거든. 원장님이 그렇
게 만, 그렇게 했기 때문에 일반은 들어가고 싶어도, 안 돼. 처음부
터 그렇게 만들었기 때문에.

이것도 안정리 햇살센터뿐이야. 송탄도, 아가씨 생활 한 사람들

많은 데 없어. 거기 할머니 한 몇 명만 여기에 가입돼갖고 원장님이 별도로 방 얻어[줘]서 살잖아. 이거 누-가 이렇게 해줘! 안정리 사람들 여기 들이다보지도 않어, 으유-.

＊＊＊

⊓ 뭐, 뭐 드실래요? (롤케이크를 들여다보며)

이게….

⊙ 블루베리, 이건 한라봉. 산딸기.

뭐야! 빵이야 이게?

⊓ 네! 롤케이크.

⊙ 맛있어요, 이거-. 어느 거 드실래요?

⊓ 이건 과일이고, 이건 초코예요!

이, 이렇게 나오나-?

⊙ 네. 쪼끄맣게 나오더라구요-.

어디 거야, 이게.

⊓ 파리바게트요.

파리바게트면 여기 객사리에 있는 데?

⊓ 저희는 평택역 앞에서 샀어요.

아- 하기사 다르니까. 난 어디 안 다니거든-. 24일이면 내-내 24일로 집에 있는데. 가는 거는! 일요일 교회, 화요일 햇살센터. 수요일날 이제, 구역예배. 그거 외에는, 어디 안 가!

⊙ 그동안에도 그럼 계속 그렇게 지내신 거예요?

그럼. 이렇게 혼자 하루 종일 여기 있어도, 어디 나가고 그런 건 없어. 개우 가는 건 햇살센터하고 교회백에 없으니까. 누가 놀러 가자 그래도 안 가. 교회에서 놀러 가자 그래도 안 가는데?

▣ 그러니까. 좀 다니세요, 이모. 운동도 되구-.

가기가 싫어. 안 다녀 버릇하니까 가기가 싫어.

▣ 음. 집에만 있으면 적적하잖아.

그래서 몇 년 전에 햇살센터에서 제주도 갔다 왔잖아. 제주도가 고향인데도, 제주도 가 봐야 배다른 동생밖에 없어. 배다른 동생 개우 하나 있어. 어데 사는지는 모르겠지만. (웃음) 그렇다고 뭐 우리 외가, 막 찾아가 봐야, 있갔어?

▣ 찾아가고 싶어요?

가끔씩은, 생각은 나네. 생각은 나. 그런데 지금은 많이 발달돼서 못 찾지.

▣ 그치. 지금은 건물도 많이….

거 가면은, 외삼춘 아들? 지금은 뭐 여든이 넘었겠지? 그때 내가 일고여덟 살이면은 그 오빠는 중학교 아니면 고등학생인 것 같아. 그 오빠 생각밖에 없어!

◉ 그래도 가서 흑돼지도 드시고, 회도 드시고.

그게 돼, 안 되지.

▣ 이모, 인생의 낙이 뭐야, 그러면요? 무슨 낙으로 살아?

그냥 여기 있다 편안하게, 갈 때까지만 편안하게 있다 가는 게 내 꿈이여.

▣ 나돈데….

ㄱ◉ (웃음)

(웃음) 여그서 내가 사고를 안 치고 살기 때문에 동네분들께 도움받는 거여. 사고 치고 말썽 피워 봐, 어림도 없어 지금-. 지금 시대가 그래!

문이 세 개

⊙ 이모는 여기 사람들? 주변 사람들한테서 고립되는 게 제
일 무서우세요?

나는 누구한테 왕따 당하는 게 싫어. 기냥 혼자 이렇게 있으면서 동
네 사람한테 언니, 동생, 해 가면서 인사말만 해도, 빈말이라도 그냥
좋게 듣고 하면 괜찮아. 나는 그것만 해도 감-사하다는 거예요. 이
모들도 딴 데 가서 안 좋게 해 봐요. 존[좋은] 소리 한마디 못 들어요.
그래도 안작까지는 내가 여기 오래 살아도 누가 어떻고 저떻고 나
쁜 소리를 안 하고 안 듣거든요. 내가 그만큼 안 하고 다녔기 때문
에. 그래서 내가 이거는 고맙다고 하는 거여. 그래서 갈 때까지, 편
안하게 있다 가자, 하는 거여.

⊙ 음… 그래도 나는 잘 살았다, 이런 생각 드세요?

그것도 있구, 휴. 누가 타치[touch] 안 해서 혼자 사는 게, 나이 먹어
서는 이렇게, 누구한테 욕 안 먹게 사는 게 좋지 않은가 싶어. 안작
까지 뭐 병원에 가 입원하고 그런 것도 없고. 갈 땐 가더래도 이렇
게 살다 가자, 그렇게 맘먹으니까 맘이 편해. 누구한테 뭐 학대받은

것도 아니고, 나이 먹어서 이대로 있다 가는 거 편해! 이제 복지원
에서 가끔씩 와서 좀 도와주고, 저거라도 쪼끔씩 갖다주면서. 저 사
람들이야 봉사한다고 하지만 일일이 갖다주는 거 그것도 보통 일
이 아니에요. 그래서 나는 갈 때까지 감-사하는 마음으로 있다가
가자. 그게, 내 마음이 편해. 그렇다고 어디 다니는 것도 아니고. (잠
시 침묵) 이제 이모들 가고 나면은 문 걸어 잠그고 방에서 꼼짝도 안
하는 거야.

ㄱ◉ (웃음)

나는 4시 되면은 문 딱 걸어 잠그고 그냥 있어요. 안 나가. 요서[여기
서] 내 도움을 많이 받으니까 요 주인아주머니가 아파트 가서 살면
어떻겠냐 [그랬는데]. 아파트 싫다 그랬어! 난. 다리가 안 좋거든. 그
래서 다니는 것도 싫구. 그리고 본적이 지금 일로 돼 있어. 아버지
돌아가시기 전에 호적을 파바버렸거든[파와버렸거든]. 그래서 웬-만
한 데서는 전화 와, 아파트 하는 사람들. 그래 전화하지 말라 그러
거든. 나이가 먹어서 다리 아파서 글로 못 간다구. (웃음) 그러면은
전화 안 와. (잠시 침묵) 근데 지금 다니는 건 교회밖에 없어-. 화요
일 햇살센터, 수요일 이제 구역예배 보고, 주말에는 교회 가고. 그
걸로 땡이야! 어디 안 가!

◉ 저랑 똑같은 거 같아요. 저 완전 집순이거든요. 그냥 집에
있는 거 좋고….

야튼간 4시 되면은, 여름에는 5시, 지금 겨울이라고 4시 딱! 되면은
대문 걸어 잠가. 그래 잠가놓으면은 문이 세 개잖아. 안 들려.

◉ 음-. (웃음)

***

◉ 근데, 살림도 안 하시고, 같이 일하시는 분들이랑도 거리를 두고, 그러면 마음이 되게 외롭지 않으셨어요?

외로워도! 몸에 뱄기 때문에 좀 덜해! 그거를, 잊어버리고 살려고 노력을 헌 거지-. 지금도 그래서 아침에 일어나면 밖으로 안 나가! 방 안에서만 있지. 겨우 나가는 거? (손가락을 하나씩 접으며) 화요일 햇살센터 가! 그리구 수요일이면 이제 구역예배를 보거든? 모여갖고. 그거 하고 일요일 교회 가. 그걸로 땡이야-. 어딜 안 간다니까?

◉ 요즘에 여기서 혼자 계실 때는 뭐- 하세요? 티비?

티비갖고서 씨름하지 뭐.

▣ ㄱ ◉ (웃음)

갈 데가 어디 있어, 내가. 아니면 성경책이나 보고 앉아 있구. 그거 아니면 재[TV]하고 씨름하고 있어.

* * *

내일 바람 불고 태풍 온다고, 비 많이 오는가 보다.

　　　ㄱ 오늘 밤부터 많이 온다고.

에, 오늘 밤부터.

　　　◉ 북상합니다.

　　　ㄱ 근데 좀 옆으로 가서 괜찮아졌대요. 원래 한국으로 바로
　　　　오는데.

에, 바로 와서 중간으로 가더라고. 좀 전에 보니까 우리나라 지도가
북쪽으로 해서 길잖아요. 그런데 지금은 제주도, 부산허고 그 사이
로 빠져나가나 보더만. 그러면 제주도만 직통 저거지. 지금 제주돈
난릴 거야. 외국, 이민자들 와갖고 난릴 거야.*

　　　ㄱ 뉴스에서 보신 거예요?

어. 그래도 우리나라들은 빨-리 개네들을 도와주는 거여. 서울에서
가갖고 일하게끔 거, 뭐야, 주민등록증 만들어주는 건가? 있게끔 만
드는 거? 안 가니까-.

　　　◉ 체류증? 체류증?

체류증인가, 주민등록 비슷한 거인가 봐. 그걸 만들어주잖어. 딴 데
는 그게 곰방 안 돼- 애하고 딴 데 떨어져 있고 그게 뭐 하는 짓이
야. 거 깐난쟁이들이 뭐 안다꼬. 개네들 키워서 뭐 종으로 부려 먹
을래나?

　　　ㄱ 그럼 이모 어떻게 생각하세요? 도와줘야 된다고, 아니면
　　　　은…

도와주면 좋지-. 우리나라도 그렇게 떵떵거리며 사는 거는 못 되는

---

*　이 대화가 이뤄진 때는 2018년 7월 2일로, 제주도에 들어온 예멘 난민들에 대한 언
론 보도가 한창이었다.

데도, 우리보담 더 하니까는, 지금 애네들 대통령이 잘못됐다매?

◉ 뭐 전쟁, 전쟁 중이라고 그러던데요.

전쟁 중이고 뭐 대통령이 잘못됐다는가 봐? 그러니까 피신 나오고 저 난리지. 그 바람에 관광 온 사람들하고 이 사람들하고 막, 짬뽕으로 돼 있고 막. (웃음) 그러잖아도 중국의 관광객이 와서 환장하겠는데. 중국 사람들은 관광 오면은, 막말로 해서 질이 좀 안 좋게 노나 봐.

▣ 다 편견이래, 이모.

그 사람들이?

▣ 응. 우리 언니 제주도 살아. 친언니가.

어- 제주도 어데-?

▣ 저기 세월리.

세월리- 거기는, 내 태어난 데하고 멀리 떨어져 있어. 내 태어난 데는 표선면. 표선면하고 서귀포하고 별로 안 떨어져 있어. 걸어서 한 30분인가 40분이면 가. 지금 얘기한 거는 좀 떨어져 있어.

▣ 어. 저기 위에 있잖아.

* * *

◉ 윤선 이모는 그, 햇살에서 재판하는 거 어떻게 생각해요?

그거를 해야 돼.

◉ 해야 돼요?

어, 해야 되는데, 세 번째 마지막 가서 허가를 받아야 되는데 그게 안 되나 봐. 그거를 세 번을 받아갖고 오케이를 해야 되는데 두 번은 오케이 했대요. 세 번째 가서 그게[허가가] 안 떨어지나 봐요.*

◉ 아 맞아요, 3심이 진행 중이에요, 아직.

에, 그거 해야 돼요. 그것도 아마 박정희 대통령이 있을 적에 허라고 떨어졌다는 거 같던데, 내가 잘못 들은 거 아니라면? 왜냐면은 그전에는 그냥 지나가는 여자를 데려다가 막 성폭행하는 바람에 여자는 못 다녔다고 그러더라고. 그 바람에 이거 허가를 냈다 그러더라고. 그래서 여기 기지촌 됐는데, 이제 와서는 난 몰라라 허니까. 실-컷 해놓고서는 저기 하니까 되겠어? 했으면은 떨어져야지- 오케이 해야 되는데 오케이를 안 하니까. 해야 돼-.

　⊙ 그래도 2심, 두 번째 재판에서는…

오케이 했나 봐. 세 번째 가서는 안 되는 거여. 일본[일본군 '위안부']도 마찬가지잖아, 지금! 강제로 데려다가 해놓고서는 노 해버리면 어떻게 되냐구. 뭐 없는 거를 갖다가 영화, 책을 만들어냈갔어? 우리 한국뿐만 아니고 필리핀, 중국, 외국 사람[일본군 '위안부' 피해자]도 있더구만. 없는 걸 만들어내갔냐구-. 오죽하면 중국에서 하던 사람이 중국 가서 그 사람을 아조 감춰놓고 안 내놨는데 뭘. 없는 걸 그렇게 했갔어?

　┓ 그럼 일본군 위안부 다른 나라에도 있었던 거…

그럼-!

　┓ 어디서 보셨어요?

아후, 그거 유-명한 영화, 없는 걸 만들었갔냐구요-.

　┓ 티비에서 보신 거예요?

티비에서 나왔는데 뭘. 우리 한국, 필리핀, 중국, 딴 나라서도 있었는데 뭘.

---

* 기지촌 여성 122명이 제기한 국가 대상 손해배상소송에 대해, 1심과 2심 재판부는 원고 일부인용 판결을 내렸다. 현재 대법원 판결을 기다리고 있다.

◉ 네덜란드도 있었더라구요.

있었어. 그리고 여기서 열다섯, 열여섯… 뭐… 그럴 때 돈 벌게 해준다고 델고 가갓고 성매매시켰는데 뭘. 애는 낳아놓으면 어디 가서 버렸는지 모르겠지만. 영화에서도 없는 걸 만들어내지는 않을 거 아니여-. 영화서 보니까 되-게도 엄하게 했더구만. 그거 나오더라구. 그래 놓고 이제 와서 그거를 배상 안 하겠다고 하면은. 그 사람들 지금 살아 있잖아, 그 사람들이 없는 말을 했겠어? 그거 했던 사람들이 도와달라고 테레비 키면 나와. 지금도 세계인이 다 나와, 테레비에 쭉. 그래서 없는 거를 그렇게 안 한다구. 사람들이 시켜놓고 놀구 있어. 아마 거거서[그중에서] 돈 받은 사람 몇 명 안 될걸?

◉ 그럼 일본하고 마찬가지로 우리나라 정부도 이거[기지
   촌]…

그럼-!

◉ 꼭 해야 된다구… 아, 돈도 배상하고.

우리나라 배상해주는 거 없잖아. 정부에서 배상한 거 없어.

◉ 이번에 이겨야지…. (웃음)

이번에 이겨야만 돼. 그것도 지금 중단되어 있어. 안 해줘가지고. 그거를 해야만, 오케이 해야만 이제 도움받는 거야. 도움받는 거, 딴 지역에서, 교회에서, 많이 도와줘. 쌀 같은 것도 다- 교회서 돈 걷어가지고 사가지고 보내주고. 나라에서 해주는 거 없어. 내가 알기로는 그래.

* * *

▣ 뭘 같이 드시자요. 밖에서….

어유, 이렇게만 하는 것도 큰 도움되는 건데.

ⓞ 무슨 도움이 돼요. (웃음) 저희 아무 도움이 못 되는데.

▣ 케이포[K4]* 그 후문 쪽에서.

안 나간다니까, 집 밖으로 아예-!

▣ 맛있던데, 저번에 햇살에서 가 봤는데.

그거, 부대에서 만든 거여-!

▣ 아니야, 부대에서 만든 거 아니고.

거기서도 있고, 부대에서 만든 것도 있고 그래요.

▣ 부대에서 만든 거 안 먹어.

짜서?

▣ (웃음) 너무, 너무 미국식이야. 너무- 짜.

미국식이에요 부대는. 그것도 다 가정부인덜이거든. 가정부인들이라 그거를 걷어갖고 해오지, 그냥 군대 생활 하는 사람들은 아니여. 군대 생활 하는 여군들도 맨날 여그 오는 사람 있어요. 장교 애도 있고. 그런 데 주로 한 달에 한 번씩 오는 것들은 전부 다 가정부인들이여.

◰ 얘기해 보셨어요, 그분들이랑?

아, 알죠. 벌써, 애-들 데려오고 말 시켜 보면 벌써 남편이 여그 있다는 걸 알죠. 거기 그 뚱뚱한 여자.

▣ 으-음-.

걔는…

◰ 캔디.

애가 사 남매야. 딸 둘, 아들 둘.

▣ 응, 많이도 낳았네.

---

* K6의 잘못. K6은 미군 부대 이름이자 버스 정류장 이름이다.

근데 걔가 부모한테 사랑을 못 받고 컸더라고 나처럼. 그걸 얘기하더라고. 태어나서 사랑도 못 받고 의-붓아버지 손에 컸다 그러더라고. 나는 계모 손에서 자랐지만!

🔲 영어가 되니까 이모, 대화가 되네.

그서 저 부모한테 사랑 못 받고 컸다고 그러더라고. 나도 사랑은 못 받고 컸지만! 남한테 그렇게 못되게, 허는 건 싫어. 못 배워갖고 저거를 했을망정. 그서 누가 뭐라고 하면은 그냥, 듣고 나 혼자 낑낑 앓고 있는 거야. 얘기해 봐야 나만 나쁜 년 되는데! 지금도 누가 얘길 하면 듣고 가만히 있어. 얘기 안 해 딴 데 가서. 차라리 그게 쏙 편해. 그 사람도 그렇고 나도 그렇고. 그러니까 사람들이 말이 안 나가니까 가끔씩 만나면 인사도 하고 얘기도 하고. 햇살센터 그런 사람 있어. 아주 못되게 노는 사람 몇 명 있고.

🔲 음.

그런 사람 아예 말도 안 해.

* * *

집에서는 이것저것 잘 안 묵어.

　　🔲 뭐라도 드셔야 되는데.

배가 고파야 먹어. 배 안 고프면은 커피나 먹고.

　　🔲 나두.

　　🔽 그럼 교회나 일 나가면 좀 드세요?

에. 일요일엔 두 끼 먹나 봐. 교회에서 한 몇 년을 안 먹고 예배만 보고 도망 오고 했더니 붙들렸어. 그래서 거기서 먹고, 집에 와서 생각나면 먹고 아니면 말고. 그래서 5키로 빠졌는가. 그래도 허리는 30 입는 것을 어떡할 거여.

　　🔲 그래도 이모, 지방이 있는 게 더 좋대요. 나이 들면.

나이 들어서 똥배 많이 나오는 거 안 좋대.

　　🔲 그래도 있는 게 낫대, 없는 거보다.

낫기야 하겠지만 딴 사람 보기가 좀… 이상허게 보지…. 가끔씩 어제그저께 미친놈, 미친 할아방이 와갖고 쳐다보고. 얼마나 놀랬는지!

　　🔽 헐.

　　⊙ 무슨 일이에요?

그저께 여기 와서 불러. 그 사람이 목소리가 그전하고 달라갖고 잘 안 들려요. 그런데 나도 잠결에 못 들었지. 깨워. 놀-래갖고 쳐다봤어. 가라구. 왜 왔냐구. 어제 또 와서 서 있네! 하아-.

　　🔲 어머, 무섭겠다….

오지 말라고, 여기 왜 오느냐고. 가고.

　　🔽 아는 사람이에요, 모르는 사람이에요?

아 이 동네서 살다가 안정리 저쪽으로 이사 갔거든요. 그래도 그렇죠. 언제 뭐 나하고 친하게, 허는 사람은 아닌데.

◉ 응응.

마누라는 더! 속이 안 좋아 못됐어. 일해 보면 그 사람 성격을 어느 정도 아는 거예요. 마누라랑 한 달을 일했어도 그 사람 성격 안 좋은 줄 알어. 그래갖고 밥 먹으러 왔단 걸 나 밥 먹었으니까 가라고 쫓아버렸어. 오지 말라고 그랬어. 사람이 자다가 얼마나 놀래요-. 문을 닫았어. 비가 오니까 문 열고 들어온 거야.

⊓ 헐.

▣ 어우, 무서워 진짜.

얼마나 놀래요. 쯤 오지 말라 그랬어, 내가. 내가 남자를 불러들이지를 않기 때문에, 주인집에서는 남자 오는 거를 몰라요. 불러들이지를 않으니까. 술이나 먹고 뭐 노름이나 허고 해야 남자도 오는 걸 알죠. 그거 없거든요. 아-조… 놀래갖고 그냥….

천둥소리와 함께 비가 쏟아진다

아이구, 아까보다 더 오네!

◉ (웃음) 우리 어떻게 가지….

▣ 이거 그치면 가야죠.

⊓ 이거 그치면 가요.

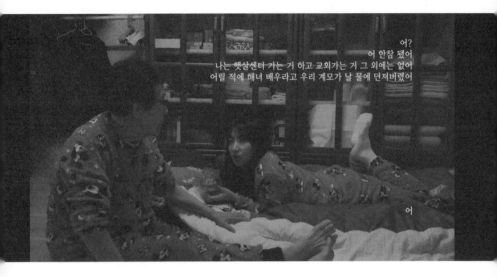

어?
어 한참 됐어
나는 햇살센터 가는 거 하고 교회가는 거 그 외에는 없어
어릴 적에 해녀 배우라고 우리 계모가 날 물에 던져버렸어

어

〈마누라 없이는 살아도 장화 없이는 못 사는데〉 00:28:51, 2018
한나절간 나눴던 윤선 이모와 민주의 대화

민주와 윤선이 같은 수면 잠옷을 입고 윤선이 하루 종
일을 보내는 방에 누워서 대화를 이어 간다. 윤선의 대
답은 동어반복 패턴을 따랐고, 결국 듣고 싶은 이야기
를 못 듣는 날이 대부분이었기 때문에 민주는 무작정
카메라와 수면 잠옷을 들고 집으로 찾아간다. 비슷한
차림을 하고 있지만 전혀 다른 두 사람이 대화를 주고
받는다.

이모들의
방

영미, 지니, 윤선은 일찍이 미군기지가 들어섰던 평택 안정리에 혼자 살고 있는 노년 여성이다. 2~30대 여성인 민주, 경빈, 은진은 이들의 방에 찾아가 이야기를 듣는다. 그리고 1960년대 혹은 수십 년 동안 동두천, 송탄, 평택 같은 곳에서 겪었던 일에 대해 묻는다. 사뭇 머뭇거리며 묻는다.

대답이 늘 신통한 것은 아니다. 묻는 이들이 듣기 바라던 내용이나 방식과 다른 방향으로 자주 굴절되고, 튕겨 나가고, 때론 중단된다. 그래도 세 사람은 작정한 듯 천연덕스럽게 반응하고, 용인한다. 궁금증은 쉽게 포기되고 기각되지만 때로 어떤 질문은 반복된다.

기지촌 여성의 권리 주장, 체험을 담은 기록은 이전에도 있었다. 하지만 기지촌 여성의 목소리는 우리에게 여전히 낯선 목소리 중 하나다. 그러므로 이 책은 우리 사회가 잘 듣지 않았던 이야기, 우리가 잘 들을 수 없었던 이야기를 기록해 들려주는 책이다. 더 정확히 말해 우리에게 "평택 기지촌 여성"이라는 역사적이고 사회적인 존재들을 구체적으로 '감각하게 하는' 책이다. 보이고 들리게 하는 방법과 이야기를 꾸리는 방법을 고민하는 일이 윤리적 고민과 다르지 않다는 것을 주장하는 책이다.

경빈은 독립출판 형태로 펴냈던 책의 머리말에서 "이것은 법적 증언보다 문학적 말하기에 가깝다"라고 적었다. 문학적 말하기에 가까운 말 역시 증언의 형식이라는 점을 먼저 강조해야겠다. 이 말하기는 개인을 받치고 있는 구조적 맥락에 대한 고려를 걷어낸 이야기, 고독한 개인이 소수의 수신자에게 전달하는 내밀한 고백을 뜻하지 않는다. 경험, 즉 관통해온 시간과 겪었던 감각에 대한 증언으로서의 말하기다. 그러므로 법적 증언보다 더 넓고 깊은 범주를 다룬다.

이 책에서 영미, 지니, 윤선은 기지촌 운영에 대한 국가의 책임을 묻는 소송 진술서를 적어 내릴 때와 똑같이 말하지 않는다. 민주, 경빈, 은진은 기지촌 문제에 대한 관심이나 지식을 피력하고, 기지촌 여성이 구술한 이야기를 받아 적는 대신 문학적 말하기에 가까운 방식으로 이모들의 '의견'과 이모들과의 '관계'를 '재현'하려고 한다.

이런 까닭으로 책은 말과 말소리, 어조, 몸짓의 표기를 신중히 고려하고 최대한 기록하며, 청자이자 기록자의 질문과 반응도 함께 담는다. 평택에서 이미 이모들의 생애사를 기록해 펴낸 적이 있는 민주의 영상 세 개도 이에 가담한다. 가령 〈울긴 왜 울어〉나 〈마누라 없이는 살아도 장화 없이는 못 사는데〉와 같은 영상은 이모 집의 스산하고 따스한 풍경과 소리, 방문자와 주고받는 대화로 법적 증언, 논리적 진술, 심지어 언어 바깥에서 일어나는 다성적 재현을 제안한다. 우리는 글에서도 영상에서도 여러 목소리와 여러 사람들이 충돌하면서 조화를 이루는 장면을 계속 목격할 수 있다.

이모들의 말과 행동, 소음을 빠짐없이 관찰하고 기록하기 위해, 즉 문자와 서류 바깥의 말까지 기록하기 위해, 세 명의 기록자는 피사체와 조금 떨어진 자리에서 일어나고 있는 일에 아무런 반응도 하지 않고 촬영을 이어 나가는 다이렉트 다큐멘터리 카메라처럼 기록하지 않았다. 이들은 이모들과의 거리를 좁혀야 했다. 그러나 이모들의 자리를 차지하지 않아야 했다. 그래서 이모의 목소리 옆에 세 사람의 목소리를 나란히 기입한다. 이모의 지척에서 질문하고 듣고 말하지만 이모 대신 말하지는 않는다. 듣기 위해 다가갈 뿐 아니라 듣기 위해 물러선다. 기록은 늘 재현의 작업이고, 재현은 곧 다가가기와 물러서기의 이중적인 거리 조정 작업이다. 이러한 작업 속에서 기지촌 여성의 자기 재현, 즉 영미 등이 재구성하는 '경험'과 민주 등 젊은 여성 세 사람이 수행하는 '재현'은 떼어낼 수 없이 함께 존재한다.

재현은 또한 연결의 작업인데, 이모들이 쏟아내는 말과 이들을 감싸고 있는 시대 및 시간의 연결은 때로 에둘러서만 이뤄진다. 영미, 윤선, 지니가 언급하는 포주, 미군, 결혼, 가족, 동료의 죽음, 건강검진 등은 대부분의 독자에게 하나하나 강렬한 인상을 남기는 사건들이다. 동시에 이모들의 기억 속에서나 말 속에서 선택적으로만 환기되거나 억압된 사건들이다. 그래서 이모들은 한국 근대사, 한미동맹, 냉전, 가부장주의 등의 이데올로기를 동원해 자신들이 건강하지 못한 이유, 현재 행복하거나 행복하지 않은 이유와 결과를 설명하지 않는다.

반면 민주, 경빈, 은진은 기지촌이 만들어지고 유지되어온 구조적 배경, 1971년 이래 기지촌에서 행해졌던 건강검진의 동기와 실태, 사회의 비윤리적 선택, 국가의 책임 방기 내지 위법성에 대해

읽어 봤고, 이해하고 있는 이들이다. 이들은 기지촌에서 광범위하게 사용되었던 옥타리돈이라는 약물과 기지촌의 작동 방식 간 관계를 아마도 유추해낼 수 있을 것으로 가정된 이들이다.

그럼에도 우리는 이렇게 말해야 할 것이다. 보이지 않고, 들리지 않았던 목소리를 기록하고 전달하기 위해서는 함부로 지성과 체계적 지식의 대본을 준비하지 말아야 한다고. 이 경우 당사자의 목소리는 대본을 정당화해줄 수집의 대상으로 전락하고 말 것이다. 보이지 않는 중재자가 되어, 당사자의 목소리 또는 '현실 그 자체'가 모습을 갖추는 것을 목격하고 전달할 수 있다고 섣불리 자신하지도 말아야 한다. 구술 채록자는 기록자이자 청자로 분명 화자에게 영향을 주며 현장에 존재하고 있기 때문이다.

경빈 등의 질문에 답하는 이모들은 이를 막연하더라도 분명히 이해하고 있다. 민주는 이모에게 은진과 경빈을 "서울대생"으로 소개하기도 한다. 평택을 찾아간 이들과 평택에 살고 있는 이모들 사이의 차이는 굳이 은폐되지 않는다. 그러나 이들이 이야기를 주고받는 사이 계층과 지식의 차이에는 괄호가 생기기도 한다. 젊은 작가와 학생이 이모들이 묘사하는 사건의 흉악함에 놀라거나 디테일에 감탄하는 순간, 차이에는 괄호가 쳐진다. 차이에 괄호가 쳐진다는 것은 사회적 지위의 차이가 은폐된다는 뜻이 아니다. 차이에 괄호가 쳐지는 순간은 함께 기억하고 있는 이들, 함께 같은 것을 감각하는 이들이 '공동체'로 묶이는 순간을 뜻한다. 재현이 관계의 작업일 때 괄호는 스스로 생겨나고 사라진다. 경험의 공동체는 사라지더라도 잠깐, 우발적으로 나타난다.

민주, 경빈, 은진이 주고받는 대화를 보면 이들은 어떤 사건이 이모의 생애에 선명한 자국으로 남았는지 부단히도 추측해 봤던 것 같다. 그러나 이 추측은 이모의 서사에 함부로 덧붙여지지 않는다. 함부로 개입하지 않는다. 예를 들어 세 영상 중 하나인 〈데뷔〉는 어른(이모)의 상황을 재연하는 아이들(민주의 조카와 조카의 친구들)을 보여 준다. 아이는 어른이 겪은 일을 자신의 시각으로 해석하며 시나리오를 썼고, 친구들과 함께 시나리오에 따라 연기한다. 아이들이 해석하는 상황은 어른이 해석하는 상황과 같고도 같지 않다. 아이들은 어른과 다른 어조로 어른과 같은 감정을 이야기하고, 어른과 같은 감정을 재연하지만 감정은 자신의 감정을 따른다.

이 책은 '입장(position)'보다 '위치(position)'의 중요성을 강조한다. 특정한 '입장'에 따라 이야기를 듣고, 추리고, 편집하기보다 청자의 '위치'에 따라 보이거나 보이지 않는 것, 들리거나 들리지 않는 것들에 주목한다. 살림을 차렸던 미군이 귀국하고 나면 바로 다 홀홀 털어버린다고 말하는 영미, 복용했던 옥타리돈의 어마어마한 숫자를 강조하는 지니, 88년도의 전환을 유독 강조하는 윤선의 서사에 드러난 것과 드러나지 않은 것을 염두에 둔다. 이를 위해 말소리와 낱말을 기록하는 일 못지않게 중단, 굴절, 반복, 우회를 기록하는 일을 중시한다. 목소리의 안팎, 낱말과 낱말 사이에는 빠져나가는 소리, 제대로 나오지 않는 소리, 왜곡된 소리가 있음을 감추지 않는다.

이 작업은 답을 가정하지 않고 시작되었기 때문에 말과 침묵을 함께 표기할 수 있었다. 답을 얻지 못한 질문을 기록에서 누락시키지 않은 덕분에 어떤 질문이 소요를 일으키는 질문인지 기록할 수 있었다. 책은 "자꾸만 말하는 것"과 "말하기 싫은 것"이라는 소제목으로, "잠시 침묵" "웃음" 같은 지문으로 이모들이 어떤 단어 앞에서 말문이 막히는지, 기억에 알맞은 단어를 찾지 못하는지 드러내

보인다. 그래서 사실, 망설임과 부인, 회피와 길 잃음의 쉼표 속에서도 증언은 결코 중단되지 않는다. 오히려 답을 회피하는 공백과 침묵의 순간은 답하는 사람들이 '겪은 시간'을 증언하는 순간이다.

《영미 지니 윤선》은 기지촌이라는 억압의 기제를 명명백백하게 밝히는 저작은 아닐 것이다. 기지촌에서 수십 년 동안 벌어진 인권의 재난을 포괄해서 바로 짐작하도록 돕지 못할 것이다. 기지촌 여성에 관한 역사적 진실을 밝히는 데 이렇게 의미를 분명히 알 수 없는 표현들과 귀결을 가늠하기 힘든 이야기들이 어떤 소용이 있는지 묻는 이도 있을 것이다. 그러나 이 책은 세 이모가 '겪었던 시간의 경험'에 말문을 틔운다. 이 자리에서 또 다른 말과 웃음과 울음, 말과 표정에 대한 시선, 시선에 대한 사유 역시 시작될 수 있을 것이다. 말문을 틔우는 이모들의 방은 중단되지 않고 역사의 강줄기가 시작되는 수많은 수원지水源池 중 하나가 될 것이다.

이미지문화연구자
이나라